AF194104

MANIFIESTO
NEOLIBERTARIO

SAMUEL EDWARD KONKIN III

MANIFIESTO NEOLIBERTARIO

SEGUNDA EDICIÓN REVISADA Y EXTENDIDA

Prólogo de
Jesús Huerta de Soto

Traducción y edición de
Ignacio Pablo Rico Guastavino

Unión Editorial
2024

Título original:
New Libertarian Manifesto
2.ª edición, Koman Publishing Co., febrero 1983

Portada: #EBL

© 2012 Samuel Edward Konkin III
© 2012 UNIÓN EDITORIAL, S.A.
© 2024 UNIÓN EDITORIAL, S.A (Segunda edición).
c/ Hilarión Eslava, 21 local • 28015 Madrid
Tel.: 913 500 228
Correo: editorial@unioneditorial.net
www.unioneditorial.es

ISBN: 978-84-7209-837-1
Depósito legal: M. 24.031-2024

Maquetado e impreso por El Buey Liberal, S.L..

Impreso en España • *Printed in Spain*

A Chris R. Tame, que una vez me dijo:
«No le des más vueltas escríbelo»

Mención especial, sobre todo,
a Ludwig von Mises,
Murray N. Rothbard,
Robert LeFevre y a sus fuentes

ÍNDICE

Capítulo I. ESTATISMO: NUESTRA ENFERMEDAD 21

Libertarismo vs. Coerción. La naturaleza del Estado. Elementos constitutivos del libertarismo y diversidad del Movimiento. El Estado contraataca: antiprincipios. Caminos y no caminos hacia la Libertad. Traición y reacción; acción por encima de todo.

Capítulo II. AGORISMO: NUESTRA META 29

Consistencia de fines, de medios, de fines y medios. Retrato de la sociedad agorista. Teoría de la Restauración: restitución, tiempo perdido, y costes por arresto; ventajas inherentes. Agorismo definido. Objeciones refutadas.

Capítulo III. CONTRAECONOMÍA: NUESTROS MEDIOS 43

Micro actividad y *macro* consecuencias. *Agoristas*: contraeconomistas con conciencia libertaria. El objetivo de la economía «Establecida». Paso a paso desde el agorismo al estatismo (para propósitos teóricos). Mercados negros y grises: el ágora inconsciente. Estatus de la Contraeconomía en el «Tercero»,

9

«Segundo» y «Primer» Mundo y ejemplos más flagrantes. Contraeconomía en *todos los ámbitos comerciales* incluso en Norteamérica, algunos exclusivamente contraeconómicos. **Universalidad** de la Contraeconomía y la razón para ello. Limitación a la contraeconomía y razones. El papel de la *intelligentsia* y los medios de comunicación de la clase dirigente. Fracaso de la contracultura y la clave del éxito. Pasos desde el estatismo hasta el agorismo y el riesgo del proteccionismo. *El principio fundamental* de la contraeconomía. La razón para el inevitable crecimiento de la subsociedad contraeconómica agorista.

NOTA DEL EDITOR A LA PRESENTE EDICIÓN

Samuel Edward Konkin III (SEK3), padre del movimiento agorista, falleció en 2004 dejando sin terminar sus proyectos más extensos y ambiciosos, a excepción del *Manifiesto neolibertario*. Entre ellos, el inacabado pero apasionante tratado que titula *Contraeconomía*, publicado en español también por Unión Editorial.

Con el fin de reivindicar la valía del corpus konkiniano, y siguiendo los pasos de la edición original de Kopubco (2006), ampliamos este *Manifiesto neolibertario* con una serie de valiosos escritos. En primer lugar, la *Teoría de clases agorista*, que le debemos al teórico Wally Conger, seguidor de Konkin, quien respetuosamente recupera y amplía las notas de SEK3 –fruto de otro proyecto incompleto– en relación a la lucha de clases desde el punto de vista agorista.

Incluimos, posteriormente, dos apéndices: el primero, un artículo titulado "*Cui bono?* Introducción a la teoría de clases libertaria", firmado por SEK3 en 1973. Cerramos el volumen con la réplica de Konkin (1981) a las críticas de su maestro, Murray N. Rothbard, reflejadas ya en el *Manifiesto neolibertario*.

13

PREFACIO
A LA EDICIÓN EN ESPAÑOL

La presente obra supone el desembarco de Samuel Edward Konkin III en el mercado editorial castellano que saturado de *Manifiestos*, mayoritariamente unidireccionales, hasta el momento inexplicablemente había ninguneado *in toto* al «movimiento agorista» (del griego *ágora*, que significa mercado). Sin embargo, y una vez más, la función empresarial innata en todo ser humano, en este caso representado por tres emprendedores seguidores de la Escuela Austriaca de Economía, ha hecho posible que felizmente dispongamos ya en nuestro país de la primera edición de este libro en español.

Autor casi desconocido en España, Samuel Edward Konkin III era realmente inconfundible, siempre embutido en su camiseta y pantalón negros, y luciendo unas características gafas con cristales rojizos. Gracias a su connatural tendencia a la creación de palabras nuevas, Konkin acuñó en 1971, no sin cierto tono peyorativo, el ya famoso término *Minarquismo* para denominar al movimiento de libertarios que, como Robert Nozick −cuyos seguidores fueron bautizados irónicamente por Konkin como «nozis»−, estaban a favor del Estado mínimo. Pero Konkin destaca sobre todo por una coherencia moral hoy en día prácticamente inasumible, y que le llevó a vivir toda su vida al margen del Estado.

En cuanto al Manifiesto en sí, se trata de un texto inusualmente valioso, tanto para quienes tengan especial interés en una obra políticamente combativa pero al margen de las doctrinas asociadas a la izquierda clásica, como para aquellos otros que deseen alimentar su mera curiosidad intelectual con una rareza que, no obstante, ha inaugurado toda una corriente de pensamiento y acción dentro de los márgenes del llamado anarcocapitalismo. Podrían pensar los lectores más conspicuos, y no se equivocarían, que el movimiento agorista está basado en la novela de ciencia ficción *The Moon is a Harsh Mistress* (*La Luna es una Cruel Amante*, Robert A. Heinlein, 1966) en la que un grupo de colonos lunares se rebelan contra las leyes terrestres en una suerte de Guerra de la Independencia Lunar. No en vano, el propio Konkin reconoció que de dicha novela extrajo el concepto de *anarquista racional*, que irremediablemente le guiaría hasta Robert LeFevre, Ludwig von Mises y Murray N. Rothbard, entre otros.

En definitiva, estamos ante el primer texto de la historia que describe toda una serie de tácticas, estrategias y fases para llevar a cabo una práctica activista anarcocapitalista. Disfruten leyendo sobre estatistas encarcelados que sólo serán liberados en la restauración libertaria tras saldar su deuda con la ciudadanía; disfruten leyendo sobre la libertad de tenencia de armas como medio más eficaz de autodefensa; disfruten leyendo sobre estados que colapsan al no poder competir con la economía libre (y sumergida); y disfruten leyendo de qué manera la libertad individual siempre puede triunfar frente a la mentira y la coacción estatal.

JESÚS HUERTA DE SOTO
Diciembre de 2011

PREFACIO
A LA PRIMERA EDICIÓN
AMERICANA

La forma básica del Neolibertarismo surgió durante mi lucha con el Partido Libertario mientras éste se formaba en 1973, y la Contraeconomía fue presentada ante el público en el Foro de la Libre Empresa en Los Ángeles en febrero de 1974. El Neolibertarismo ha sido propagado, partiendo de ese momento, dentro y fuera del movimiento libertario y de sus publicaciones, especialmente desde la revista *New Libertarian.*

Aún más importante, el activismo descrito aquí (especialmente la Contraeconomía) ha sido practicado por el autor y sus más allegados aliados desde 1976. Varias «anarcoaldeas» de Neolibertarios han sido formadas y reformadas.

Solo por una vez, ¿no les gustaría leer un manifiesto que haya sido practicado antes de ser preconizado? Yo querría.

Y lo hice.

SAMUEL EDWARD KONKIN III
Octubre de 1980

PREFACIO
A LA SEGUNDA EDICIÓN
AMERICANA

Una publicación agorista debía someterse estrictamente a los dictados del libre mercado. Efectivamente, la primera edición del *Manifiesto Neolibertario* se ha agotado y una segunda edición, creada por un joven emprendedor buscando el beneficio siguiendo su ideología, está con usted, el lector. El dictamen del mercado, una grata sorpresa para mí, es que el *ML* es el más exitoso de mis muchos trabajos publicados.

En el reino de las ideas, dos años es realmente poco tiempo. Sin embargo, sólo en el último mes, ataques al *ML* han comenzado en publicaciones Libertarias de corte Izquierdo-Centristas y un boletín estudiantil reprochó a «ese bicho raro, Konkin» que algunos capítulos son erráticos al intercambiar lealtades. Ensayos y artículos sobre Contraeconomía y agorismo aparecen cada vez en más publicaciones libertarias no izquierdistas (o no agoristas, si lo prefieren).

Un signo verdaderamente esperanzador es el surgimiento de muchos emprendedores Contraeconómicos en el área del Sur de California (así como unos pocos dispersos alrededor de Norte América e incluso Europa) que abrazan y distribuyen el *MNL*. Un «polígono industrial» agorista ha sido establecido discretamente en Orange County entre estas dos ediciones.

Esta gratificación no ha pasado inadvertida. Ha inspirado al autor para continuar el debate en dos números de una revista especializada basados en el *ML*, la escritura de *Contraeconomía* (ver nota a pie de página número 27), y a plantearme la escritura de una teórica *magnus opus*, como *El Capital* fue a *El Manifiesto Comunista*, que indudablemente, se titularía *Agorismo*.

Como continúo practicando lo que proclamo y cada vez de forma más amplia, puedo añadir al final de la Primera Edición...

Y aún lo sigo haciendo.

SAMUEL EDWARD KONKIN III
Febrero de 1983

Capítulo I

ESTATISMO: NUESTRA ENFERMEDAD

Somos coercidos por nuestros coetáneos humanos. Ya que éstos tienen la capacidad para actuar de muchas otras formas, no es necesario padecer esta realidad. La coerción es inmoral, ineficiente, e innecesaria para llevar una vida satisfactoria. Aquéllos que deseen ser tan serviles como para que sus semejantes se aprovechen de ellos, son libres de elegir esta vía; este manifiesto va dirigido a los que adoptan otra actitud: la lucha.

Para combatir la coerción, uno debe entenderla. Más importante aún, uno debe entender por qué está luchando y contra qué. Una reacción ciega se dirige hacia todas las direcciones excepto hacia la fuente opresora y hace que las oportunidades se desvanezcan; la lucha por unas metas comunes identifica mejor a los oponentes y permite formar estrategias y tácticas coherentes.

La forma óptima de controlar la coerción desorganizada es a través de la autodefensa inmediata, individual. Aunque el mercado puede desarrollar a gran escala empresas que oferten servicios de seguridad e indemnicen en caso de daños y perjuicios, la imprevisibilidad de la violencia sólo puede ser resuelta en ese mismo momento *ad hoc*.[1]

---

[1] Estoy en deuda con Robert LeFevre por esta apreciación, aunque extrajésemos conclusiones diferentes.

21

La coerción organizada requiere una oposición organizada. (Muchos pensadores han resaltado brillantemente la idea de que dicha oposición debería permanecer estructurada, activándose sólo en caso de enfrentamiento real, precisamente para evitar que los defensores legítimos degeneren y se conviertan en una agencia de agresión). La coerción institucionalizada, con raíces milenarias en el misticismo e implantada profundamente como falsa ilusión en las profundidades del pensamiento de sus víctimas, requiere una gran estrategia y un punto de inflexión de conmocionante singularidad histórica: la Revolución.

El mentado ente de coerción −cuyo eje central es la inmoralidad, director del saqueo y del asesinato, y coordinador de la opresión a una escala inconcebible para la criminalidad no organizada− existe. Es la Mafia de las mafias, la Banda de las bandas, la Conspiración de las conspiraciones. Ha asesinado en los últimos años a más individuos que los asesinados en toda la Historia precedente; ha robado en los últimos años más riqueza que toda la producida a lo largo de la Historia precedente; ha lavado −para su propia perpetuación− más cerebros en los últimos años de los que lavó la irracionalidad en la Historia precedente; Nuestro Enemigo, El Estado.[2]

Solamente en el S. XX, la guerra ha superado el número de muertos causados previamente; impuestos e inflación han robado más riqueza que toda la producida anteriormente; y las mentiras políticas, la propaganda, y sobre todo, «la Educación», han retorcido más mentes que todas las supersticiones previas: con todo, y pese a toda esa deliberada confusión y ofuscación, el hilo de la razón ha desarrollado fibras resistentes para tejer la soga llamada a ejecutar al Estado: el Libertarismo.

_____

[2] Gracias, Albert J. Nock, por esa frase.

Allí donde el Estado divide y conquista a sus oponentes, el Libertarismo une y libera. Allí donde el Estado eclipsa, el Libertarismo clarifica; allí donde el Estado oculta algo, el Libertarismo lo saca a la luz; allí donde el Estado perdona, el Libertarismo acusa.

El Libertarismo supone la elaboración de toda una filosofía de vida a partir de una premisa elemental: el inicio de la violencia o amenaza de violencia (coerción) es un error (es inmoral, es malo, es dañino, carece de sentido práctico, etc.) y está prohibido; nada más lo está.[3]

El Libertarismo, tal y como se ha desarrollado hasta ahora, descubrió el problema y definió la solución: el Estado *vs.* El Mercado. El Mercado es la suma de toda acción humana *voluntaria.*[4] Si uno actúa no coercidamente, es parte del Mercado. De este modo, la Economía comenzó a formar parte del Libertarismo.

El Libertarismo investigó la naturaleza del hombre para explicar los derechos que se derivan de la no coerción. Inmediatamente concluyó que el hombre (mujer, niño, marciano, etc.) tenía un derecho absoluto sobre su vida y sobre su propiedad −y ningún derecho sobre la vida o propiedad de otros. De este modo, la filosofía Objetivista comenzó a formar parte del Libertarismo.

El Libertarismo se preguntó por qué la sociedad no es libertaria y por qué fundó el Estado, su clase dirigente, su camuflaje; y se encontró con que los más singulares historiadores son quienes se esfuerzan por desvelar la verdad. De

---

[3] Para una mejor aplicación del Libertarismo Moderno, pueden leer a Murray Rothbard y su libro *Hacia una Nueva Libertad*, el cual, pese a lo reciente de la edición, siempre lleva un año o más de desfase. Aún así, recomendar la mejor obra sobre libertarismo es como recomendar una sola canción para explicar la música en todas sus formas.

[4] Gracias, Ludwig von Mises.

este modo, el Revisionismo Histórico comenzó a formar parte del Libertarismo.

La psicología, especialmente la desarrollada por Thomas Szasz como contrapsicólogo, fue acogida por los libertarios que buscaban liberarse a sí mismos de la restricción y el auto-encarcelamiento del Estado. Tratando de encontrar una forma artística para expresar el potencial horror del Estado y extra-polar las muchas posibilidades de la libertad, el Libertarismo encontró la Ciencia Ficción.

Los guerrilleros de la libertad, al percibir un vacío en los reinos de la política, la economía, la filosofía, la psicología, la Historia y el arte, completaron su resistencia con más guerri-lleros de otros lugares, y unieron sus fuerzas tan pronto como sus conciencias se activaron. Así fue como los Libertarios se convirtieron en un Movimiento.

El Movimiento Libertario miró a su alrededor e identificó al rival: en cualquier lugar, Nuestro Enemigo, El Estado; desde las profundidades del océano, pasando por los áridos desiertos o la distante superficie lunar; en cualquier tierra, pueblo, tribu y nación —y en la mente del individuo.

Unos buscaron alianzas inmediatas con otros opositores al poder de la élite con el objetivo de derrocar a los mandatarios actuales del Estado.[5] Otros buscaron el enfrentamiento inme-diato con los agentes del Estado.[6] Otros tantearon la colabo-ración con aquéllos en el poder que ofrecieran menos carga opresiva a cambio de votos.[7] Otros se atrincheraron en una explicación a largo plazo, buscando iluminar a la población y

---

[5] Radical Libertarian Alliance (RLA), 1968-1971.

[6] Radical Libertarian Action Movement, 1968-1972, después rein-staurado brevemente como un proto-MIL (Movimiento de la Izquierda Libertaria).

[7] Citizens for a Restructured Republic, 1972, surgido de miembros de la RLA desilusionados con la revolución.

así construir y desarrollar el Movimiento.[8] En cualquier lugar, emergió una Alianza Libertaria de activistas.[9]

Los Altos Círculos del Estado nunca se mostraron dispuestos a acabar con el saqueo, ni a restaurar las propiedades a sus víctimas al mínimo signo de oposición. El primer contraataque provino de los anti-principios planteados por la corrupta Casta Intelectual: Derrotismo, Rendicionismo, Minarquismo, Colaboracionismo, Gradualismo, Monocentrismo, y Reformismo −incluyendo la aceptación de un ente del Estado ¡para «mejorar» el Estatismo! Todos estos anti-principios (desviaciones, herejías, aserciones autodestructivas y contradictorias, etc.) serán tratados más adelante. La peor de las abyecciones es la Partitarquía, ese anticoncepto consistente en alcanzar fines libertarios valiéndose de medios estatistas, especialmente partidos políticos.

Un Partido «Libertario» fue el segundo contraataque por parte del Estado soportado por los hombros de bisoños Libertarios, primero como un oxímoron ridículo,[10] más tarde como un ejército invasor.[11]

---

[8] Society for Individual Liberty, 1969-1989 (Ahora unida a la Libertarian International resultando la International Society for Individual Liberty). También Rampart Collegue (ya extinto) y la Foundation for Economic Education and Free Enterprise Institute, todo ellos anteriores a la explosión de población libertaria en 1969.

[9] La más importante, la California Libertarian Alliance, 1969-1973. El nombre sigue siendo usado para patrocinar conferencias, y es también empleado en el Reino unido.

[10] El primer Partido «Libertario» fue fundado por Gabriel Aguilar y Ed Butler en California en 1970 sin más ambición que la de tener acceso a los medios de comunicación. (Aguilar, un gambosiano, fue incondicionalmente apolítico). Incluso el Partido «Libertario» de Nolan fue ridiculizado y despreciado por nada menos que Murray Rothbard en su primer año de existencia.

[11] El Partido «Libertario» que finalmente se organizó a escala nacional y presentó como candidatos a Presidente y Vicepresidente a John Hospers

El tercer contraataque fue llevado a cabo por uno de los diez capitalistas más ricos de Estados Unidos, al intentar comprar las instituciones Libertarias más importantes —no sólo el Partido— y dirigir dicho movimiento tal y como otros plutócratas dirigen todos los demás partidos políticos en estados capitalistas.[12]

---

y Toni Nathan, respectivamente, fue organizado en sus inicios por David Nolan y Susana Nolan en diciembre de 1971 en Colorado. David Nolan fue un YAFista de Massachusetts que había roto con la YAF en 1967 y se perdió el clímax vivido en St. Louis en 1969. Él ha continuado siendo conservador y minarquista hasta esta primera edición.

Si bien los Nolan fueron bastante inocentes, y otras organizaciones y candidatos también lo fueron durante sus primeros años, el debate sobre «el Problema del Partido» comenzó inmediatamente. La publicación *New Libertarian Notes* atacó el concepto de Partido «Libertario» en la primavera de 1972 y surgió un debate entre Nolan y Konkin justamente antes de las elecciones generales (*NLN 15*).

Para la campaña presidencial de 1980, los Nolan habían abandonado el Partido «Libertario» liderado por Ed Crane y su candidato Ed Clark, que llevaron a cabo una campaña electoral muy potente, con alta financiación, el típico acosamiento al votante y su habitual boato plataformista.

[12] Desde 1976 a 1979, Charles G. Koch —un petrobillonario— había contratado, fundado o comprado, total o parcialmente, a través de familiares, fundaciones, institutos y centros, lo siguiente: a Murray Rothbard y su *Libertarian Forum*; *Libertarian Review* (from Robert Kephart), editada por Roy A. Childs; Students for a Libertarian Society (SLS), dirigida por Milton Mueller; Center for Libertarian Studies (de tendencia rothbardiana) y a Joe Peden; *Inquiry*, editada por Williamson Evers; Cato Institute; y varias Fundaciones, Fondos e Institutos Koch. Referido como «Kochtopus» en la *New Libertarian 1* (febrero de 1978), fue criticado por Edith Efron en la publicación conservadora-libertaria *Reason*, junto con imputaciones de una posible conspiración «anarquista». El Movimiento de la Izquierda Libertaria zanjó los delirios antianarquistas de Edith Efron, pero no tardó en apoyarla en su revelación del crecimiento del *Monocentrismo* en el Movimiento.

En 1979, el Kochtopus tomó el control del National Libertarian Party en la convención de Los Ángeles. David Koch, hermano de Charles, compró abiertamente la nominación de VP por 500.000 dólares.

El grado de éxito que aquéllos contraataques estatistas tuvieron corrompiendo el libertarismo llevaron a la escisión de los Movimientos de «Izquierda» y a la desesperada paralización de otros. Aunque la desilusión creció dentro del «Libertarismo», buscó respuestas a este nuevo problema: tanto con Estado como sin él. ¿Cómo evitamos ser usados por el Estado y su poderosa elite? Es decir, se preguntaron, ¿cómo podemos evitar desviaciones del camino a la libertad cuando nosotros sabemos que hay más de uno? El mercado tiene muchos senderos hacia la producción y el consumo de un producto y ninguno de ellos es perfectamente predecible. Así que incluso si uno nos dice cómo llegar desde aquí (estatismo) hasta allí (libertad), ¿cómo saber cuál es la mejor forma?

Algunos ya están desenterrando las antiguas estrategias de movimientos que sucumbieron tiempo atrás, movimientos con otras metas. Nuevos caminos están siendo ofrecidos–de espaldas al Estado.[13]

La traición, involuntaria o planificada, continúa. No es necesaria.

Como nadie puede predecir la secuencia de pasos que infaliblemente llevarán a una sociedad libre que puedan disfrutar individuos ansiosos por ser libres, uno puede eliminar de una tajada a todos aquéllos que *no* faciliten la Libertad, y,

---

[13] Murray Rothbard se desvinculó del Kochtopus poco después de la Convención del LP de 1979 y la mayoría de sus aliados fueron expulsados, como por ejemplo Williamson Evers, de *Inquiry*. Al CLS se le retiró la financiación de Koch. El *Libertarian Forum* comenzó a atacar a Koch. Rothbard y el joven Justin Raimondo erigieron un nuevo comité radical del LP (el primero, 1972-1974, fue dirigido por los precursores de la AN como estrategia reclutadora y una forma de destruir el Partido desde dentro).

Aunque Rothbard preguntó «¿Está Sam Konkin en lo correcto?» durante su discurso de julio de 1980 en una comida del CR en Orange County, la estrategia del CR es reformar el LP mediante la Nueva Izquierda y tácticas neo-Marxistas.

aplicando los principios del Mercado, trazar con firmeza un lugar hacia el que dirigirse. No hay Un Camino, una línea recta hacia la Libertad, del que estar seguro. Pero sí que hay un entramado de trazados, un Espacio lleno de líneas, que guiarán a los libertarios a su meta de una sociedad libre, y ese Espacio puede ser descrito. Una vez que la meta sea fijada y los caminos descubiertos, sólo la Acción del individuo para llegar hasta allí permanece.[14]

[14] Espero poder omitir esta nota en ediciones posteriores, pero en el contexto histórico presente es fundamental apuntar que el Libertarismo no es exclusivo de los elementos más «avanzados» o inteligentes de Norteamérica, quizás representados por una juventud blanca, especialista en ordenadores, especialmente docta y las compañeras feministas que luchan por la igualdad (y 0.5 niños).

Sólo el mercado más libre puede sacar al «Segundo» y «Tercer Mundo» de la miseria absoluta y la superstición autodestructiva. Intentos obligados de aumentar los estándares de producción y el entendimiento de la cultura asociada han causado reacciones violentas y regresión: p. ej. Irán y Afganistán. En general, el Estado se ha dedicado a la represión deliberada contra la automejora.

Los cuasi mercados libres, tales como los puertos libres de Hong Kong, Singapur y (más tempranamente) Shanghái, atrajeron avalanchas de emprendedores de movilidad social ascendente, altamente motivados. El increíblemente bien desarrollado mercado negro de Burma ya dirige la economía entera y necesita tan solo una conciencia libertaria para derrocar a Ne Win y al ejército, acelerando el comercio y aniquilando la pobreza nocturna.

Observaciones similares son posibles en mercados negros desarrollados y mercados semi-libres aceptados en el «Segundo Mundo» de ocupación Soviética, como por ejemplo Armenia, Georgia y la contra-economía Rusa (*nalevo*).

CAPÍTULO II

AGORISMO:
NUESTRA META

El principio básico que lleva a un Libertario desde el estatismo a una sociedad libre es el mismo que los fundadores del Libertarismo usaron para descubrir la teoría en sí. Ese principio es la *coherencia*. Por lo tanto, una aplicación *coherente* de la teoría del Libertarismo a cada acción realizada por un individuo Libertario, termina por crear la Sociedad Libertaria.

Muchos pensadores han expresado la necesidad de una coherencia entre medios y fines, y no todos ellos eran libertarios. Irónicamente, muchos estatistas han propugnado alcanzar fines loables a través de medios deleznables, lo que a todas luces es una *incoherencia*; sin embargo, si hablamos de sus auténticos fines de mayor poder y opresión, sus medios han demostrado coherencia. Confundir la necesidad de una coherencia entre fines y medios es parte de la mística estatista; precisamente por ello, la actividad más crucial para los teóricos libertarios es sacar a la luz estas incoherencias. Muchos teóricos lo han hecho admirable-mente, pero sólo algunos han intentado, la mayoría sin éxito, describir la combinación coherente entre medios y fines del libertarismo.[15]

---

[15] Citando los casos más espectaculares hasta ahora:
Murray Rothbard empleará cualquier estrategia política del pasado para formular nuevas doctrinas libertarias, cayendo de nuevo en posiciones más radicales cada vez que fracasan las formulaciones previas.

29

Si este manifiesto es o no correcto, debe ser determinado por este mismo principio. Si la coherencia fracasa, todo pierde su significado; así, el lenguaje sería entonces un incomprensible galimatías y la vida un fraude. Esto tampoco debería ser sobreestimado. Si alguna incoherencia fuera descubierta en estas páginas, la reformulación coherente sería el verdadero *Neolibertarismo*, y no aquél que ha sido fundado sobre bases erróneas. El Neolibertarismo (*Agorismo*) no puede ser desa-

---

Robert LeFevre defiende la pureza de pensamiento y acción en cada individuo, algo que resulta edificante para este autor y para otros tantos. Pero él rehúye la descripción de una estrategia completa resultante de estas tácticas personales, debido en parte al miedo a ser acusado de estar *prescribiendo* así como *describiendo*. Un servidor no tiene tanto miedo. El pacifismo de LeFevre además diluye el atractivo de sus tácticas, probablemente mucho más de lo que merece.

Andrew J. Galambos defiende una edificante postura contraeconómica (ver en el próximo capítulo), que sin embargo ahuyenta a los reclutas por su posición anti-movimientos y su organización táctica en torno a una sociedad secreta. Su desviacionismo de la «propiedad primaria», al igual que el pacifismo de LeFevre, probablemente denigra el resto de su teoría más de lo justificable.

El libro de Harry Browne *How I Found Freedom in an Unfree World* es una guía inmensamente popular en pos de la liberación individual. Habiendo recibido la influencia de Rothbard, LeFevre y Galambos, el mapa propuesto por Brown es claramente correcto –superficialmente– para los individuos que busquen sobrevivir y prosperar en una sociedad estatista. Pero él no ofrece una estrategia global, y sus técnicas irían dejando de funcionar en un sistema contraeconómico avanzado cuanto más cercano estuviera este de una sociedad libre.

Una desviación sin portavoces particulares pero asociada comúnmente con *Libertarian Connection* es la idea de lograr la libertad desbordando al Estado con tecnología. Esta idea parece tener una validez plausible en el reciente caso de los Estados Unidos decidiendo no regular el explosivo crecimiento de la industria de la información. Pero falla al tener en cuenta la ingenuidad de aquellos que desean conservar el estatismo mientras haya gente que lo demande.

creditado sin que la Libertad o la Realidad (o ambas) sean desacreditadas, excepto si está formulado incorrectamente.

Comencemos precisando nuestra meta. ¿A qué se parece una sociedad libre, o por lo menos tan libre como podemos esperar alcanzar desde nuestro entendimiento presente?[16]

Sin lugar a dudas, la sociedad más libre concebida hasta hoy es la imaginada por Robert LeFevre. Todas las relaciones entre personas son intercambios voluntarios (un mercado libre). Nadie ofenderá a nadie ni violará su propiedad en forma alguna. Por supuesto, algo más que el estatismo deberá ser eliminado de las consciencias individuales para que esta sociedad pueda existir. La carencia de un mecanismo de corrección es el elemento más dañino en una sociedad perfectamente libre.[17] Todo lo que se necesita es un puñado de practicantes de la coerción que disfruten de su enfermizo saqueo con el suficiente apoyo como para sustentarse, y la libertad muere inevitablemente. Incluso cuando todos están viviendo libres, si uno «muerde la manzana», es decir, si uno regresa al pasado leyendo la Historia pretérita o redescubriendo su propia perversidad, aniquilará la libertad de la sociedad perfecta.

Lo mejor para una sociedad libre es la sociedad Libertaria. «La vigilancia eterna es el precio de la Libertad» (Thomas Jefferson), y tal vez sea posible tener un número reducido de individuos en el mercado preparados para defenderlo de

---

[16] Cuando nuestro conocimiento aumenta, uno asume que podemos lograr una sociedad más libre.

[17] En *The Great Explosion*, el escritor de ciencia ficción Eric Frank Russell recrea una sociedad cercana a la planteada por LeFevre. El pacifista Gands tenía un mecanismo de corrección para los individuos aberrantes ocasionales −como en el caso de «Idle Jack». Desafortunadamente, esto fracasaría en el momento en el que quienes ejercen la coerción alcanzaran un número suficiente como para formar una sub-sociedad solidaria y autosuficiente. Que ellos pueden hacerlo, es obvio −¡Lo hacen!−.

agresiones esporádicas. O un número mayor de individuos con suficientes conocimientos y habilidades sobre defensa personal que puedan ser empleados con el fin de disuadir ataques aleatorios (quien pretenda ejercer la coerción nunca sabrá cómo de preparados están los coercidos para defenderse) y eliminar la rentabilidad de la iniciación sistemática de actos violentos.

Aun así, persisten dos problemas excesivamente complicados para este sistema de «anarquía con defensa espontánea». Primero tenemos el problema de defender a aquellos que están, a priori, inevitablemente indefensos. Esto puede paliarse con tecnología avanzada para quienes son *imbéciles* cuadripléjicos (asumiendo que ese problema no ha sido resuelto aún por la tecnología) y para niños muy pequeños que requieren una atención constante. Luego, nos encontramos a los que, por un breve período de tiempo, están indefensos, e incluso los casos aún más raros de aquellos que son abrumados por los iniciadores de actos violentos, quienes probablemente estén deseando probar sus habilidades con adversarios más débiles (el último es el caso más raro a causa del alto riesgo y el bajo retorno de la inversión).

Aquellos que no necesitan —y no deberían— ser defendidos son quienes conscientemente así lo han decidido: los pacifistas. LeFevre y sus discípulos rechazan que los Libertarios usen métodos que ellos mismos considerasen repugnantes para defenderse (¿Quizás pudiesen ellos usar un *pin* con una paloma para ser inmediatamente reconocidos?).

Mucho más importante resulta la cuestión de qué hacer con los iniciadores de actos violentos tras haberlos neutralizado. El caso en que la propiedad de un individuo es violada y uno no está allí para protegerla acude rápidamente a nuestras mentes. Y finalmente, aunque realmente sea una variación del caso que acabamos de señalar, está la posibilidad del fraude y de otras formas de violación contractual.[18]

Estos casos pueden llegar a ser resueltos, o bien mediante un primitivo «tiroteo», o bien socialmente, esto es, a través de la intervención de una tercera parte que no tiene intereses personales relacionados con ninguna de las dos partes en disputa. Este caso ejemplifica el problema fundamental de la sociedad.[19]

Cualquier intento de forzar una solución contrariando los deseos de ambas partes viola el principio Libertario. Así pues, un *tiroteo* que no arriesgue la vida de terceros es aceptable, pero difícilmente rentable, eficiente o incluso civilizado (estéticamente agradable) excepto para unos pocos partidarios.

La solución, pues, requiere de la implicación de un juez −testigo imparcial− o de un árbitro. Una vez que el árbitro en una disputa, o el juez en un caso de agresión, hayan llevado a cabo el juicio y comunicado la decisión final, se requerirían fuerzas que garanticen la aplicación de aquello que ha sido dispuesto (Los pacifistas pueden escoger un arbitraje sin guardianes armados, de todas formas).

El siguiente sistema de mercado ha sido propuesto por Rothbard, Linda y Morris Tannehill, entre otros; no es necesariamente definitivo, y puede ser mejorado a través de avances

---

[18] La posición Mises-Rothbard es que los fraudes e incumplimientos de contratos (lo último puede manejarse a partir de las cláusulas del contrato, por supuesto) son en sí mismos robos de bienes *futuros*. La base del contrato es la transferencia de bienes presentes (considerados aquí y ahora) por bienes futuros (considerados allí y entonces).

Todo robo es una iniciación de actos violentos; la fuerza es empleada para apoderarse de la propiedad involuntariamente o para evitar la recepción de bienes o pagos por bienes libremente transferidos mediante un acuerdo.

[19] La Sociedad, tal como apunta Mises, existe a causa de los avances en la división del trabajo. Mediante la especialización en distintas escalas de producción, los individuos encuentran una producción de riquezas total mayor que si sólo contaran con su esfuerzo individual.

teóricos y tecnológicos (como el autor de estas páginas ya ha hecho). En esta fase de la Historia, parece el sistema óptimo y se presenta aquí como el modelo de trabajo de partida.

Primero, dejando siempre fuera a aquellos que eligen no participar, el individuo se asegura a sí mismo contra la agresión y el robo. Incluso uno puede asignar un valor a su propia vida en caso de asesinato (o de homicidio involuntario), que puede ir desde quitarle la vida al iniciador de la violencia hasta extirparle órganos reemplazables (si la tecnología lo permite) para restaurar la vida de la víctima, o bien financiar una fundación que continúe el trabajo del difunto. Lo crucial en este punto es que la víctima asigna el valor a su propia vida, cuerpo y propiedad antes del percance. (Los bienes intercambiables pueden ser simple-mente reemplazados según su valor en el mercado. Ver más abajo).

A se encuentra con que un objeto de su propiedad ha desaparecido y reporta el hecho a la compañía de seguros IA. IA investiga (puede que a través de otra división, o tal vez por medio de la agencia de detectives independiente D). IA restituye inmediatamente el objeto a A, de forma que la pérdida de uso del bien se minimiza.[20] Ahora, D puede fracasar en su búsqueda de la propiedad desaparecida. En este caso, IA cubre la pérdida de las primas pagadas por la contratación del seguro. Observad bien que, para mantener primas bajas y

---

[20] En este momento nos vemos obligados a introducir el concepto acuñado por Mises de *preferencia temporal*. Los bienes futuros son siempre descartados en relación a los bienes presentes a causa de la privación del *uso-tiempo*. Mientras que las valoraciones individuales sobre la preferencia temporal varían, aquéllos con alta preferencia temporal pueden aprovecharse de aquellos con baja preferencia temporal, puesto que quienes tienen una mayor preferencia temporal pagarán más a los de la baja preferencia del valor del que éstos han sido privados. El punto en el que todas estas transacciones confluyen en el libre mercado define la tasa de interés original o básica para todos los préstamos e inversiones de capital.

competitivas, IA tiene un fuerte incentivo para maximizar la recuperación de los objetos robados o perdidos. (Uno podría explayarse y escribir varios volúmenes sobre la escasez de dicho incentivo en sistemas de monopolio detectivesco como los cuerpos y fuerzas de seguridad del Estado, y sus terribles gastos sociales).

Si D descubre los bienes, digamos que en posesión de B, y B los devuelve libremente (acaso seducido por la recompensa), el caso está cerrado. Solamente surge el conflicto si B reclama su derecho de propiedad sobre el objeto a la vez que lo hace A.

Entonces B acude a la compañía de seguros IB, la cual lleva a cabo su propia investigación independiente y convence a IA de que D está equivocado. Así pues, IA e IB entran en conflicto. En este punto, las objeciones habituales al anarquismo de mercado han hecho creer que la guerra entre A y B se ha alargado innecesariamente, al incluir a grandes compañías de seguros en el conflicto, que a su vez, pueden tener considerables divisiones o contratos con empresas de protección (PA y PB). Pero, ¿dónde radica el incentivo para IA e IB de usar la violencia y destruir, no sólo los activos de su competidor, sino seguramente algunos de los propios? Ellos tendrían aún menos incentivos en una sociedad de mercado establecida desde hace mucho tiempo; las compañías tienen especialistas y capital invertido en defensa. Cualquier compañía relacionada con actos delictivos se volvería altamente sospechosa y seguramente perdería clientes en una sociedad predomi-nantemente Libertaria (que es aquello que está bajo discusión).

Muy baratas y rentables, IA e IB pueden simplemente pagar a una compañía de arbitraje que resuelva la disputa, presentando sus respectivas reclamaciones y pruebas. Si la reclamación de B resulta legítima, IA abandona el caso, sufriendo una pérdida pequeña (¡comparada con la guerra!) y obteniendo un excelente incentivo para mejorar su investigación. Si la reclamación de A es legítima, ocurre justamente lo contrario.

Sólo en este punto, cuando el asunto ha sido impugnado, investigado y juzgado correctamente, y B todavía se niega a renunciar al bien robado, se produciría la violencia (B sólo podría haber sido molestado por las correspondientes notificaciones de la defensa de IB, que B podría haber ignorado; ninguna citación podría ser emitida hasta después de la condena). Pero PB e IB se apartan a un lado y B debe enfrentarse, ahora, a un competente y eficiente equipo de especialistas en recobrar propiedades robadas. Incluso si B se halla próximo a la locura en su resistencia, sería probablemente neutralizado sin apenas revuelo por una agencia del mercado ansiosa por tener una buena imagen pública y más clientes −incluyendo al propio B, algún día. Antes que nada, PA debe actuar para no invadir la propiedad de otra persona ni dañar la propiedad de los *otros*.

B e IB son ahora responsables de la *restauración* de la propiedad. Esto puede dividirse en tres partes: restitución, preferencia temporal y costes por arresto.

La restitución consiste en la devolución del bien original o de su equivalente en el mercado. Esto puede ser aplicado también a las partes del cuerpo humano o al valor establecido por uno a su propia vida.

La preferencia temporal es la restitución del uso de tiempo perdido, fácilmente determinado por el ratio de interés de mercado, el cual IA debe pagar inmediatamente para restaurar la propiedad de A.

Los costes por arresto son la suma del coste de investigación, detección, arbitraje y contratación de fuerzas de seguridad. Nótese bien de qué forma funciona el mercado, dándole a B un enorme incentivo para restaurar el botín rápidamente y minimizar el coste de arresto (exactamente lo contrario a la mayoría de sistemas estatistas) y disminuir los intereses devengados.

Finalmente, nótense todos los incentivos existentes para una mayor rapidez, justicia eficaz y restauración con el mínimo posible de alboroto y violencia. Contrasten este sistema con todos los actualmente operativos; noten así que, aunque sólo en parte, este sistema ha sido probado exitosamente a través de la Historia. Sólo en su forma completa es nuevo y exclusivo de la teoría Libertaria.

Este modelo de restauración ha sido enunciado así específicamente, aún cuando puede ser desarrollado y mejorado, porque resuelve el único problema social que envuelve cualquier tipo de violencia. El resto de esta sociedad Libertaria puede ser mejor retratada por los autores de ciencia ficción imaginativos, con una buena formación en praxeología (término *misiano* que alude a la ciencia de la Acción Humana, dentro de la cual se enmarca la Economía, como su parte más significativa).

Algunas de las claves de esta sociedad −Libertaria en la teoría y libremercadista en la práctica, que denominaremos *agorista*, del griego *agora*, que significa plaza de mercado abierto− es la rápida innovación en ciencia, tecnología, comunicación, transportes, producción y distribución. Algo muy similar puede decirse de la innovación rápida y del desarrollo de las artes y las humanidades para mantenerse al día en lo referente a progresos materiales; asimismo, el progreso no material sería probable dada la absoluta libertad en todas las formas de expresión artística no violenta y una comunicación cada vez más rápida y completa para los receptores dispuestos. La Literatura Libertaria que ensalza los beneficios de la libertad posee hoy un grueso cuerpo y va creciendo rápidamente.

Uno podría concluir esta descripción de la teoría de la restauración tratando algunas arcanas objeciones a la misma. La mayoría de estas reduce a desafíos el hecho de atribuir valor a las personas o bienes violados. Dejar que decidan el imparcial mercado y la víctima parece justo para la víctima y para el agresor.

Este punto puede ofender a quienes creen que el castigo es requerido para todo pensamiento malvado; la reversibilidad de las acciones parece no ser suficiente para ellos.[21]

Y aunque ninguno de ellos ha planteado una base moral para el castigo, Rothbard y David Friedman en particular argumentan en favor de la necesidad económica de la disuasión. Ellos argumentan que cualquier porcentaje de aprensión menor del 100% permite una pequeña probabilidad de éxito; por lo tanto, un «criminal racional» puede tomar cierto riesgo

---

[21] Murray Rothbard asume la posición más moderada en este punto: defiende la doble restauración; esto es, no sólo el agresor restaura a la víctima a su condición primera de no dañado (tanto como sea posible), ¡pero debe convertirse él mismo en una víctima por un importe equivalente! No sólo hace que parezca doblemente arbitrario, sino que en ningún caso proporciona Rothbard una base moral para el castigo, ni siquiera un benthamiano «cálculo moral».

Otros son mucho más exigentes en lo que se refiere a la condena de un agresor, haciendo probable que sólo el más tonto de los tontos que por casualidad se desviase del camino momentáneamente se entregaría voluntariamente, más bien intentaría pagar a sus perseguidores una buena suma. Algunos *neo-randianos* dispararían a un niño por robar golosinas (Gary Greenberg, verbigracia); otros han encadenado adolescentes a sus camas para que purgasen pecados sin importancia.

Esto ya está rozando los límites del horror. Una parodia aún mayor de la justicia es la propuesta de aquellos que no desean restituir, o ni siquiera castigar levemente, sino *rehabilitar* al iniciador de actos violentos. Mientras algunos de los más progresistas entre los rehabilitadores aceptarían que se rebajase la deuda indemnizatoria, ellos aprovecharían la delegación del derecho a la autodefensa de la víctima (la base de toda acción legal) para encarcelar y lavar el cerebro del ahora desvalido agresor.

No contentos con castigar a la persona, dañando el cuerpo y, quizás, incluso infligiendo la relativa misericordia de crueles castigos físicos, los rehabilitadores postulan la destrucción de los valores y motivaciones; esto es, la aniquilación del Ego. Usando un lenguaje más *cursi* pero bien traído al caso, ellos desean devorar el alma del agresor.

38

para obtener beneficios. De este modo, el castigo debe suponer, adicionalmente, un método disuasorio. Que esto desincentivará la entrega voluntaria del agresor y, por lo tanto, bajará aún más la tasa de detenciones no, no se tiene en cuenta, o quizás el castigo deberá ser intensificado a un ritmo mucho más rápido para batir la cada vez más acelerada tasa de evasión. Mientras esto es escrito, la tasa *más baja* de evasión según los crímenes contabilizados por el Estado es del 80%; la mayoría de los criminales tienen una probabilidad superior al 90% de no ser capturados. Esto es dentro de un sistema de castigo-rehabilitación en el cual no tiene lugar ninguna indemnización (la víctima es de nuevo saqueada vía impuestos para sostener el sistema penal) y el mercado es desterrado. Sería una pequeña maravilla que floreciese un «mercado rojo» sin que el Estado iniciase la violencia.

Aun así, estas críticas contra la restauración agorista fracasan al no apreciar la existencia de un factor «entrópico». El potencial agresor debe hacer un balance entre el beneficio que le supone el objeto robado y su posible pérdida, además del interés y del coste por ser detenido. Cierto es que si él se entrega inmediatamente, los dos últimos *contras* son mínimos −pero también lo son los costes para la víctima y la aseguradora.

No solo es la restauración agorista feliz-mente disuasoria en una relación recíproca consensuada, sino que el coste de mercado del factor «detención» permite una precisa y cuantificable medición del coste social de la coerción en la sociedad. Ningún otro sistema conocido hasta ahora hace eso. Como la mayoría de Libertarios ha venido diciendo, la Libertad funciona.

En ningún momento de la teoría de la restauración agorista los pensamientos del agresor salen a colación. El agresor es un mero actor humano responsable de sus acciones. Además, ¿a quién debe importarle lo que piense? Lo que es relevante es aquello que el agresor hace. Un pensamiento no es una acción; en el pensamiento, al menos, reina la anarquía absoluta.[22]

Si te sientes en estado de shock al encontrarte con que me he estrellado contra tu ventana, no te importa especialmente si me tropecé y caí mientras caminaba o si yo fui partícipe de algún acto irracional de ira saltando a través de ella o incluso si se trataba de un plan premeditado para distraer a las fuerzas de seguridad dispuestas a lo largo de la calle y permitir que se llevara a cabo el atraco a un banco. Lo que deseas es volver a tener tu ventana *pronto* (y resolver tu confusión). *Lo que yo piense es irrelevante para tu restauración.* De hecho, puede ser fácilmente demostrado que incluso el más pequeño gasto de energía en esta cuestión es un puro gasto de tiempo. La motivación −o la motivación *sospechada*, que es lo máximo que podemos llegar a conocer[22]− puede ser relevante a la hora de detectar e incluso probar la plausibilidad de la acción del agresor para un árbitro, si es que puede haber dos sospechosos, pero todo lo que importa para la justicia −tal como la ve un libertario− es que la víctima sea restituida a una condición lo más idénticamente posible a antes de ser vulnerada. Dejemos a Dios o a la conciencia castigar los «pensamientos culpables».[23]

---

[22] La telepatía debe ser descubierta y prácticamente factible, o al menos entonces será posible investigarla e intentarlo; no obstante, su único uso en un sistema agorista tendrá una motivación piadosa −misericordia a expensas de la víctima−. Esta nota al pie es además relevante para el próximo párrafo, que es por lo que ha sido denotada dos veces.

[23] Una buena pregunta sería: ¿cuándo comenzó el «castigo»? El concepto es aplicable solamente a esclavos que no tienen nada que perder excepto la falta de dolor; a aquellos que no valen nada, si es que existen; y para los niños muy pequeños que son incapaces de pagar una indemnización y se considera inadecuado que contraigan deudas. Por supuesto, una economía primitiva generalmente ha tenido muchos más problemas con la racionalidad y la tecnología a la hora de proporcionar una detección y medición mucho más fidedigna del valor.

Otra objeción se refiere a qué se va a hacer con los iniciadores de actos violentos que han pagado ya su deuda (a los individuos afectados, no a la «sociedad»), y tienen libertad para intentar volver a hacerlo, con gran experiencia por su parte. ¿Qué ocurre con la reincidencia, tan prevaleciente en las sociedades estatistas?

Por supuesto, una vez uno es marcado como agresor, probablemente será vigilado más de cerca y se sospechará de él cuando un crimen similar vuelva a ser cometido. Y mientras los campos de trabajo pueden ser usados para reembolsar la restitución en casos muy extremos, la mayor parte de los agresores deben tener permitido trabajar en una relativa libertad. De esta manera, ninguna «institución de aprendizaje superior criminal», como son hoy día las prisiones, debe existir para educar y alentar la agresión.

La característica distintiva de un sistema judicial y de protección altamente eficiente y preciso será que ocupará una insignificable fracción del tiempo, pensamiento o dinero de un individuo. Uno puede entonces argumentar que nosotros no hemos retratado el 99% de una sociedad agorista en absoluto. ¿Qué sucede con la autodestrucción (tema con el cual los Libertarios no logran ponerse de acuerdo), la exploración y colonización espacial, la extensión de la vida, el aumento de la inteligencia, las relaciones interpersonales o las variaciones estéticas? Todo lo que realmente puede y *debe ser* dicho es que mientras el hombre del presente gasta la mitad o más de su tiempo y energía sirviendo o resistiendo al Estado, ese tiempo-energía (definición física de acción) será utilizable para muchos otros aspectos de automejora y aprovechamiento de

---

Aun así, algunas sociedades primitivas como los irlandeses, islandeses y los Ibo introdujeron sistemas de pago para bonificar la venganza —y rápidamente se convirtieron en *cuasi anarquías*.

41

la naturaleza. Resulta de un cinismo inconfundiblemente humano imaginar otra cosa que no sea una sociedad más rica y más feliz.

Esto es un bosquejo de nuestra meta y un cuadro detallado o una focalización en lo que concierne a la justicia y a la protección. Tenemos el *aquí* y el *allí*. Ahora, continuemos nuestro camino —la Contraeconomía—.

CAPÍTULO III

CONTRAECONOMÍA: NUESTROS MEDIOS

Tras haber detallado nuestro pasado y presente estatista, y sobre todo, tras haber vislumbrado que una sociedad mucho mejor es alcanzable con nuestro conocimiento y tecnología actual (sin necesidad de cambios en la naturaleza humana), llegamos a la parte fundamental del manifiesto: ¿Cómo llegar desde aquí hasta allí? La respuesta naturalmente —o quizás no tan naturalmente— se divide en dos partes. Sin un Estado, diferenciar entre *micro* (manipulación de un individuo por sí mismo en su entorno, incluyendo el mercado) y *macro* (manipulación de colectivos) sería, en el mejor de los casos, un interesante ejercicio estadístico con algún guiño a las agencias de marketing. Aunque bien es cierto, esto no quita que una persona de sofisticada decencia pueda desear entender cómo las consecuencias sociales de sus actos incluso pueden causar daños.

Con un Estado contaminando todo acto y ensuciando nuestras mentes con culpas inmerecidas, comprender las consecuencias sociales de nuestros actos resulta de capital importancia. Por ejemplo, si no pagamos un impuesto y nos salimos con la nuestra, ¿quién sale perjudicado? ¿Nosotros? ¿El Estado? ¿Los inocentes? El análisis libertario nos muestra que el Estado es el responsable de todo daño causado a aquellos inocentes que afirman que han llevado a cabo una

43

egoísta evasión de impuestos; y que los *servicios* que el Estado nos «ofrece» son ilusorios. Por esto mismo, ¿no debería haber algo más que una solitaria resistencia ingeniosamente ocultada o abandonada? Si un partido político o un ejército son inapropiados o contraproducentes para los objetivos libertarios, ¿qué clase de acción colectiva funcionaría?

La respuesta es *agorismo*.

Es posible, práctico, e incluso rentable emprender un gran transvase de humanidad desde la sociedad estatista hacia el ágora. Esto es, en el sentido más profundo, una verdadera actividad revolucionaria y será tratada en el siguiente capítulo. Pero para entender la respuesta en sentido *macro*, sin embargo, debemos primero esbozar una idea general de la respuesta en sentido *micro*.[24]

La función de la seudociencia conocida como Sistema Económico, además de hacer predicciones (como los adivinos del Imperio Romano) para la clase dirigente, es desconcertar y confundir a la clase dominada en lo que se refiere a dónde va su riqueza y cómo es usada. Una explicación sobre cómo la gente puede mantener su riqueza y propiedad a salvo del Estado es, entonces, un Sistema Contraeconómico, o Contraeconomía para abreviar[25]. La actual práctica de actos humanos que buscan evadir, evitar y desafiar al Estado son actividades

---

[24] Micro y macro son términos que proceden del Sistema Económico actual. Mientras que la Contraeconomía es solo una parte del agorismo (hasta que el Estado se haya marchado), el agorismo incluye tanto a la Contraeconomía representando la práctica y al Libertarismo representando la teoría. Ahora, como en la teoría está incluida una conciencia de las consecuencias a gran escala de la práctica contraeconómica, yo procuraré usar la palabra agorista en el sentido macro y la palabra contraeconómico en el sentido micro. Pero dado que esta división es ambigua de por sí, es posible que intercambie los términos.

[25] El término «Contraeconomía» se formó de la misma manera que el término «Contracultura», de modo que, al igual que el término Contra-

contraeconómicas, sin embargo aquí usaremos el vocablo *contraeconómico* de la misma forma descuidada en que la palabra *económico* se usa para hacer referencia a la ciencia y a lo que ella estudia. Y dado que este escrito pretende ser una teoría de la Contraeconomía, todo aquello que sea tildado como contraeconómico hace referencia también a la práctica.

La cartografía y descripción de todo, o incluso de sólo una parte significativamente útil de la Contraeconomía, requeriría un tomo entero en sí mismo[26]. Por ello aquí nos limitaremos a esbozar lo suficiente como para proveer un entendimiento que facilite la lectura de lo que resta de manifiesto.

Pasar de una sociedad agorista a una sociedad estatista tiene pinta de ser un trabajo arduo, equivalente a un camino de alta entropía negativa en física. Después de todo, una vez que alguien vive y entiende el buen funcionamiento de una sociedad libre, ¿por qué iba a desear retornar a la coacción sistemática, al saqueo y a la ansiedad? Difundir ignorancia e irracionalidad en un entorno de conocimiento y racionalidad es difícil, de la misma forma que es casi imposible falsear aquello que alguien comprende claramente. La sociedad agorista será bastante estable en relación a la decadencia, aunque está ampliamente abierta a mejoras.

Vayamos hacia atrás en el tiempo, como si estuviéramos rebobinando una película, desde una sociedad agorista hasta la sociedad estatista presente. ¿Qué esperaríamos ver?

---

cultura no hace referencia a la anticultura, el término Contraeconomía no hace referencia a la ciencia antieconómica.

[26] Este volumen, Contraeconomía (el libro), está en proceso y pronto estará completo. ¡El mercado lo desea!

Nota a la Primera Edición: SEK3 murió antes de completar su *magnus opus*, pero tanto la Editorial Innisfre como KoPubCo están revisando lo que dejó escrito para una próxima publicación.

Focos de estatismo (generalmente en territorios contiguos, dado que el Estado requiere monopolios regionales) sería lo primero en aparecer. Las víctimas son cada vez más y más conscientes del maravilloso mundo libre alrededor suyo y optan por «evaporarse» de dichos focos. Los sindicatos de las grandes agencias de protección se encargan de contener al Estado, defendiendo a los que han solicitado seguro de protección. Lo más importante es que aquellos fuera de los focos o subsociedades de estatismo están disfrutando de una sociedad agorista en todos los sentidos, salvo por el gran coste de las primas de seguros y por las precauciones a adoptar en cuanto a dónde viajar. Los agoristas pueden coexistir con los estatistas en este punto, manteniendo una «política exterior» de aislamiento, dado que los costes de invasión y liberación serían mayores que un retorno inmediato (a menos que el Estado ponga en marcha una última ofensiva general). Esto no es, sin embargo, una razón real para imaginar que las víctimas escogerían permanecer oprimidas, más cuando la alternativa liberal es tan visible y accesible. Las áreas controladas por el Estado se asemejan así a soluciones químicas sobresaturadas a punto de precipitar en anarquía.

Damos un paso atrás y nos encontramos con la situación inversa. Tenemos grandes sectores de la sociedad sometidos al estatismo, mientras que otros más pequeños viven del modo más agorista posible. Sin embargo, hay una visible diferencia: los agoristas no necesitan estar territorialmente unidos. Ellos pueden vivir donde sea, aunque tenderán a asociarse con sus socios agoristas, no sólo por refuerzo social, sino también para facilitar y rentabilizar el comercio. Siempre resulta más seguro y más rentable tratar con clientes y proveedores dignos de confianza. La tendencia es la asociación entre cada vez más individuos agoristas y la disociación de los elementos más estatistas. (Esta tendencia no es sólo teóricamente fuerte, hoy en día asistimos a un embrión de práctica). Algunos territorios fácilmente defendibles, quizás en el espacio, islas en el océano (o bajo el océano) o grandes guetos de ciudad pueden ser casi completamente agoristas, donde el Estado se vería impotente al intentar aplastarlos. Sin embargo, la mayoría de los agoristas vivirán dentro de áreas reivindicadas por los estatistas.

Habrá un espectro en el grado de agorismo en la mayoría de individuos, como ocurre ahora, con unos pocos beneficiándose de que el Estado sea altamente estatista, otros pocos plenamente conscientes de la alternativa agorista capaces de vivir libres, y el resto en el medio con mayor o menor grado de confusión.

Finalmente, retrocedamos hasta dónde tenemos solo un puñado de personas que entienden el agorismo, una gran mayoría cree beneficiosa la existencia del Estado y son incapaces de percibir otra alternativa, y por último, los elementos genuinamente estatistas: el aparato de Gobierno y aquella clase que obtiene un beneficio neto a partir de la intervención del Estado en el Mercado.[27]

Esta es una descripción de nuestra sociedad presente. Estamos en «casa».

Antes de invertir el curso y describir el camino desde el estatismo al agorismo, vamos a examinar nuestra sociedad presente con nuestra recién adquirida percepción agorista. Igual que aquel viajero que vuelve a casa y ve las cosas desde una nueva perspectiva influenciada por lo que él o ella han aprendido en tierras y modos de vida extranjeros, podemos

---

[27] Esta clase ha sido llamada Clase Dirigente, Élite del poder, o Conspiración dependiendo de si el análisis procede de alguien con formación marxista, liberal o bircheriana. Los términos se usarán aquí indistintamente para mostrar el carácter común de la identificación.

obtener ahora un nuevo entendimiento sobre nuestra situación actual.

A parte de unos cuantos libertarios ilustrados que son tolerados en las áreas estatistas más liberales del mundo («tolerancia» en el grado en que lo permita la contaminación estatista), ahora podemos percibir algo más: un gran número de personas que actúan de manera agorista con poco entendimiento sobre cualquier teoría pero que son inducidos, por la búsqueda de beneficio material, a evadir, evitar, o desafiar al Estado. ¿Tendrán potencial estas personas?

La Unión Soviética, bastión del archi-estatismo con una economía «oficial» casi totalmente colapsada, un mercado negro gigante provee de todo a rusos, armenios, ucranianos y otros, desde comida hasta la reparación de televisores, documentos oficiales e incluso favores de la clase dominante. Como informa el Manchester Guardian Weekly, Birmania prácticamente es un mercado negro donde el gobierno se reduce al ejército, la policía y unos cuantos políticos pavoneándose. En diversa medida, esto es una realidad que se repite en todos los países del Segundo y Tercer Mundo.

¿Pero qué pasa con el «Primer» Mundo? En los países socialdemócratas el mercado negro es más pequeño porque el «mercado blanco» de las transacciones aceptadas legalmente es mucho más grande, lo cual no quita que el primero sea bastante prominente. Italia, por ejemplo, tiene el «problema» de que gran parte de la administración pública trabaja oficialmente desde las 7:00 hasta las 14:00, trabajando de manera no oficial el resto del día en varios empleos, y cobrando por ello dinero «negro». Holanda tiene un mercado negro en viviendas debido a la alta regulación de esta industria. Dinamarca tiene un movimiento de evasión de impuestos tan grande que aquellos seducidos por la política han formado el que es hoy en día el segundo partido más poderoso del país. Y esos son sólo los ejemplos más groseros que la prensa ha sido capaz o ha estado dispuesta a cubrir. Los controles de divisa son evadidos desenfrenadamente; en Francia, por ejemplo, se asume que cualquiera puede tener un gran alijo de oro, y son comúnmente aceptados los viajes a Suiza para algo más que turismo y esquiar.

Para apreciar realmente el alcance de esta actividad Contraeconómica, hay que fijarse en las economías «capitalistas» relativamente libres. Echemos un vistazo a los mercados gris[28] y negro de Norte América sin olvidar que ahí es donde hay menor actividad en este sentido hoy en día.

De acuerdo con el American Internal Reveneu Service, al menos veinte millones de personas participan en la economía

---

[28] A pesar de que algunos actos de coacción, como el asesinato o el robo, a menudo han sido etiquetados como exclusivos del «mercado negro», la gran mayoría de este «crimen organizado» es perfectamente legítimo para un liberal, aunque no por ello deje de resultarle desagradable. La Mafia, por ejemplo, no es mercado negro, sino más bien gobierno dentro del propio mercado negro, dado que recoge dinero a cambio de proteger a sus víctimas (impuestos), efectúa su control con ejecuciones y palizas (cumplimiento de la ley), e incluso lleva a cabo guerras cuando su monopolio es amenazado. Estos actos serán considerados mercado rojo para diferenciarlos de los actos morales del mercado negro, que serán descritos a continuación. En resumen, el «mercado negro» es cualquier acto no violento prohibido por el Estado cuyo desempeño no se detiene.

El mercado gris se utiliza aquí para hacer referencia al negocio con bienes y servicios que no son ilegales en sí mismos, pero que se obtienen o distribuyen de manera que atenta contra la legislación del Estado. Gran parte de lo que se llama «delitos de cuello blanco» se engloba en esta denominación y son aceptados con agrado por la mayoría de la sociedad.

Donde uno dibuje la línea entre mercado negro y mercado gris depende en gran medida del estado de la conciencia de la sociedad donde vive. El mercado rojo está claramente separado: asesinato es mercado rojo. Cuando el Estado prohíbe la defensa propia, defenderse uno mismo contra un criminal (incluido un oficial de policía) es mercado negro es Nueva York, y mercado gris en Orange County, California.

49

sumergida como evasores de impuestos a través del uso de dinero en efectivo para evitar ser detectados en transacciones y trueques. Millones guardan dinero en oro o en cuentas extranjeras para evitar el impuesto oculto de la inflación. Millones de «inmigrantes ilegales» están empleados, de acuerdo con el Inmigration And Naturalization Service. Millones trapichean o consumen marihuana y otras drogas prohibidas, incluyendo laetrile, triptófano, fármacos anti-SIDA, y material médico prohibido.

También están los practicantes de «delitos sin víctimas». Además del uso de drogas, hay prostitución, pornografía, contrabando, falsificación de documentos de identidad, juegos de apuestas y conductas sexuales prohibidas que son consentidas entre adultos. A pesar de los «movimientos de reforma» para que estos actos sean aceptados políticamente, el pueblo ha elegido actuar ahora, y al hacerlo está creando una Contraeconomía.

Pero esto no para aquí. Desde que el límite de velocidad fijado en 88 km/h fue promulgado por el gobierno federal de Estados Unidos, la mayoría de los americanos se han convertido en conductores contraeconómicos. La industria del transporte por carretera ha desarrollado las comunicaciones CB para evadir la aplicación de la normativa del Estado. Para los particulares que pueden hacer cuatro carreras a 120 km/h más que tres carreras a 88 km/h, la conducción contraeconómica es una cuestión de supervivencia.

La antigua costumbre del contrabando prospera hoy en día, desde cargamentos de marihuana, electrodomésticos extranjeros con aranceles elevados y camiones llenos de personas procedente de países menos desarrollados, hasta turistas que esconden un poco en su equipaje y no informa de ello a los agentes de aduana.

Casi todo el mundo está involucrado en algún tipo de fraude o malversación en sus formularios de impuestos, libros de cuentas, negocios no declarados con familiares y posiciones sexuales ilegales con sus parejas.

Hasta cierto punto, pues, ¡cualquiera es un contraeconomista! Y esto es inevitable según la teoría libertaria. Casi todo aspecto de la acción humana tiene su legislación estatista que la prohíbe, la regula o la controla. Estas leyes son tan numerosas, que un partido «libertario» que impida cualquier nueva legislación, y derogue con brío diez o veinte leyes en una sesión, tardaría milenios en anular significativamente al Estado (ni hablar ya del mecanismo en sí mismo).[29]

No cabe duda de que el Estado es incapaz de ejecutar sus mandatos. Y sin embargo, el Estado sigue en vigencia. Ahora, si todo el mundo tiene un poco de contraeconomista, ¿por qué la Contraeconomía no ha conseguido aplastar a la Economía?

Fuera de Norte América está el efecto del imperialismo. La Unión Soviética ha recibido apoyo de los países más desarrollados de los años 30 y gran cantidad de instrumentos de violencia durante la Segunda Guerra Mundial. Incluso hoy en día, el «comercio» fuertemente subsidiado por préstamos no reembolsables apuntala los regímenes soviético y chino. Este flujo de capital (o anti-capital, siendo como es destructor de valor) de ambos bloques, junto con la ayuda militar, mantiene los regímenes en el resto del mundo. Pero esto no basta para explicar el caso Norteamericano.

Si hay algo que existe en la Tierra y que permite al Estado continuar es su poder de sancionar a las víctimas.[30] Toda vícti-

---

[29] Así pues un «L»P perpetuaría el estatismo. Además, un «L»P preservaría las ganancias de la clase dirigente obtenidas a través de medios ilícitos y mantendría los mecanismos de opresión y ejecución del Estado.

[30] Gracias Ayn Rand por esa frase.

ma del estatismo ha interiorizado en diverso grado al Estado. La afirmación del IRS de que el impuesto sobre la renta depende del «cumplimiento voluntario» es irónicamente cierta. Si los que pagan impuestos dejaran de hacerlo, se cortaría el suministro de sangre y el vampírico Estado perecería sin remedio; el Monstruo perdería sus colmillos, ya que entonces su policía y ejército, impagados, desertarían casi inmediatamente. Si todos abandonaran el «curso legal» en contratos y otros intercambios, es dudoso que incluso imponiendo impuestos se pudiera mantener al Estado moderno.[31]

---

[31] Si bien este tema está ampliamente cubierto en la literatura libertaria, muchos todavía no son conscientes de la verdadera naturaleza y del mecanismo de la inflación.

Resumiendo, un aumento general de precios es sólo una consecuencia de la inflación, la cual en realidad se puede definir como un incremento de la oferta monetaria. Mucho más dañino es la distribución de riqueza subsecuente y sus efectos secundarios que distorsionan la economía. El Estado «crea» dinero, el cual es distribuido entre la primera línea de beneficiarios (grandes banqueros, pagos a los contratistas que sostienen guerra y el estado de bienestar) y el servicio civil, la segunda línea de beneficiarios. Este aumento de la oferta, sin estar respaldado a su vez por un aumento en el poder adquisitivo del dinero, hace que sea imposible comprar todo lo ofrecido.

El aumento imprevisto en los precios (la inflación anticipada está descartada en el mercado) es una señal para que los empresarios inviertan en bienes de capital con miras a incrementar la demanda. Como el consumo se ha visto reducido debido a una disminución general del poder adquisitivo, aquellos empresarios se encuentran con que han invertido de más y deben vender incurriendo en pérdidas, despidiendo trabajadores, y liquidando capital (resultando así una depresión). El Estado es a menudo inducido por el clamor de los trabajadores desempleados y por la cercana bancarrota de los capitalistas a incrementar el suministro de dinero una vez más para «estimular» la economía; esto es, para crear un nuevo auge ilusorio.

Desafortunadamente, esta nueva inyección de inflación, para que funcione, no debería estar prevista. El ciclo, si continúa, llevaría a una inflación galopante (Alemania, 1923, es un ejemplo clásico) y al colapso de la moneda («Crack-Up Boom» es una expresión bastante descriptiva de Mises).

Aquí es donde el control por parte del Estado de la educación y de los medios de información, ya sea directamente o a través de la propiedad de la clase dominante, se convierte en crucial. Antiguamente, el sacerdocio cumplía la función de santificar a los reyes y a la aristocracia, enrarecer las relaciones de opresión, e inducir culpabilidad en los evasores y en los que oponían resistencia. Con la pérdida de supremacía por parte de la religión, ésta carga se ha transferido a la nueva clase intelectual (lo que los rusos llamaban intelectualidad). Algunos intelectuales, sin embargo, considerando la verdad como el valor más elevado (al igual que los teólogos y clérigos disidentes de antes), trabajan para clarificar más que para confundir; pero son desechados o injuriados y mantenidos fuera del Estado y de otras fundaciones controladoras de ingresos. Así se crea el fenómeno de la disidencia y el revisionismo; y así es como se genera una actitud de anti-intelectualismo entre la población, que sospechan, o no entienden del todo, la función de la Corte Intelectual.

Observe cómo los intelectuales anarquistas son atacados y reprimidos en cualquier Estado; los partidarios de derrocar a la presente clase dirigente (incluso solo para reemplazarla por otra) son suprimidos. Y aquellos que proponen cambios para eliminar algunos beneficiarios del Estado y añadir otros, son

---

Supuestamente los economistas del libre mercado instan al Estado a «tomar la píldora amarga» de la depresión (como un adicto cuando se resigna a sufrir el mono por miedo a una sobredosis) para superar los efectos de la inyección de moneda y curar el sistema. Como puede observarse, esto no hace otra cosa que mantener el estatismo.

Una solución mucho mejor para la gente sería abandonar el dinero fiduciario del Estado a favor de medios de intercambio no inflacionables como el oro, la plata, materias primas, o fuertes divisas extranjeras con objeto de acelerar el colapso.

elogiados por los nuevos elementos beneficiados y atacados por los potenciales perdedores.

Una característica común en la mayoría de los traficantes habituales del mercado negro es su sentimiento de culpa. Ellos desean «hacer las maletas» y volver a la «sociedad correcta». Todos los contrabandistas y prostitutas anhelan ser readmitidos algún día en la sociedad, incluso cuando forman «subsociedades» de parias para apoyarse mutuamente. Sin embargo, ha habido excepciones en este fenómeno de anhelo de aceptación: las comunidades de religiosos disidentes de del siglo XVIII, las comunidades utópicas del s. XIX, y más recientemente, la contracultura de los hippies y la Nueva Izquierda. Todos ellos tenían en común la convicción de que su subsociedad era superior al resto. La reacción que generaron en el resto de la sociedad fue de miedo a que tuvieran razón.

Todos estos ejemplos de subsociedades auto-sostenidas fallaron por una razón primordial: ignorancia sobre economía. Ningún vínculo social, por muy bello que sea, puede superar el pegamento básico de la sociedad: la división del trabajo. La comuna anti-mercado desafía la única ley aplicable: la ley de la naturaleza. La estructura orgánica de la sociedad (por encima de la familia) no es la comuna (o tribu, tribu extendida o Estado), sino el ágora. No importa cuántos deseen el comunismo para trabajar y dedicarse a él... fallará. Quizás puedan contener al agorismo indefinidamente con un gran esfuerzo, pero cuando lo suelten, el «flujo», la «Mano Invisible», las «mareas de historia», el «incentivo de ganancias», «hacer lo que es natural» o la «espontaneidad», llevará a la sociedad inexorablemente hasta el puro ágora.

Y volviendo a la pregunta de antes, ¿por qué hay tanta resistencia a una posible felicidad? Los psicólogos han tratado esta realidad desde el inicio de su joven ciencia. Nosotros podemos al menos dar dos respuestas en sentido amplio cuando tratamos cuestiones socioeconómicas: por internalización de anti-principios (aquellos que se asemejan a principios pero que en realidad son contrarios a la ley natural) o por oposición de intereses creados. A la vista de esto, ya podemos ver claramente qué es lo que necesitamos para crear una sociedad libertaria.

Por un lado necesitamos la educación de activistas libertarios y la concienciación de los contraeconomistas para fomentar el entendimiento libertario y el apoyo mutuo. «Estamos bien, estamos mejor, estamos subsistiendo de un modo moral coherente, y estamos construyendo una sociedad mejor que nos beneficia a nosotros mismos y al resto de la sociedad,» podrían afirmar nuestros «grupos de encuentro» contraeconómicos. Y dichos activistas libertarios han de ser necesariamente contraeconomistas, pues de lo contrario es poco probable que puedan ser convincentes. Los candidatos políticos «libertarios» desacreditan todo lo que dicen (de valor) por todo lo que hacen; algunos candidatos han ocupado puestos de trabajo en oficinas de impuestos y departamentos de defensa.

Por otro lado, hay que defenderse de los intereses creados o al menos reducir su opresión tanto como sea posible. Pero si rechazamos la actividad reformista como contraproducente, ¿cómo lo conseguiremos? Una forma es traer más y más gente a la Contraeconomía y reducir el botín a disposición del Estado. Pero la evasión no es suficiente; porque... ¿cómo protegernos, e incluso, cómo contraatacar? No cabe duda de forma lenta, pero constantemente, nos iremos trasladando a la sociedad libre, convirtiendo más contraeconomistas en libertarios y más libertarios en contraeconomistas, integrando finalmente teoría y práctica. La Contraeconomía crecerá y se extenderá hasta la siguiente etapa que vimos en nuestro viaje hacia atrás, con cada vez más grandes subsociedades agoristas incrustadas en la sociedad estatista. Algunos agoristas incluso pueden condensarse en distritos y guetos o predominar en islas o en colonias espaciales. Pero llegados a este punto, la cuestión de la protección y la defensa adquirirá un matiz de relevante importancia.

Usando nuestro modelo agorista (Capítulo 2), podemos observar cómo la industria de la protección debería evolucionar. Alguien podría preguntarse, ¿por qué la gente se involucraría en la Contraeconomía sin protección? La respuesta es que la recompensa por el riesgo asumido es mayor que las pérdidas potenciales. Y esta afirmación es cierta, por supuesto, para toda actividad económica, pero cuando hablamos de Contraeconomía hay que hacer un énfasis especial:

El principio fundamental de la Contraeconomía es canjear riesgo por beneficio.[32]

---

[32] Un ejemplo de cómo funciona esto puede sernos de utilidad. Suponga que deseo contrabandear, evadir impuestos, o violar una ley. Digamos que puedo ganar 100.000 dólares en cada transacción.

Usando cifras del gobierno sobre el porcentaje de detenciones (siempre exageradas a favor del Estado debido a que ellos no saben hasta qué punto las actividades contraeconómicas salen impunes), me encuentro con que de todas las posibles actividades ilegales, un 20% de las mismas se traducen en detención. Uno puede entonces averiguar el porcentaje de aquellos casos que llegan a juicio, y de éstos, el porcentaje de los que son condenados incluso con un buen abogado. Pongamos que un 25% de las detenciones llegan a juicio y que el 50% de éstos terminan siendo condenados. Estos porcentajes son elevados, pero pensemos también en los honorarios legales, de este modo incluso un veredicto exculpatorio pero con sus correspondientes gastos legales sigue siendo una «pérdida». Por lo tanto, en mi caso estaría asumiendo un riesgo del 2,5% (0,20 x 0,25 x 0,50 = 0,025). Esto sería elevado para la mayoría de casos reales.

Suponga ahora que mi condena es una multa de 500.000 dólares o 5 años de prisión (o ambos). Sin tener en cuenta mis transacciones contraeconómicas (uno ciertamente no puede contarlas cuando decide si llevarlas a cabo o no), si ganaba 20.000 dólares al año eso se traduce en que perdería 100.000 dólares por el hecho de estar en prisión. En cuanto a los 5 años de privación de libertad, es muy difícil asignarles un valor, pero al menos en nuestra sociedad presente eso no es mucho peor que pasarlos en otras

Cuanto mayor es el beneficio esperado, mayor es el riesgo a asumir. Pero al mismo tiempo, si el riesgo es menor, mucho más puede ser intentado y logrado (lo que sin duda es un indicador de que una sociedad libre es más rica que una sociedad no libre). En este sentido, el riesgo puede reducirse incrementando el cuidado, tomando precauciones, reforzando la seguridad (cerraduras, escondites, refugios), y confiando solo en personas de la mayor honradez. Esto último indica que existe una gran preferencia a tratar con los socios agoristas y un fuerte incentivo económico que une a la subsociedad agorista y ofrece un aliciente para contratar o apoyar la contratación dentro de esta subsociedad. Lo que a su vez convierte en un incentivo para los empresarios contraeconómicos el ofrecer un mejor dispositivo de seguridad, lugares de ocultamiento, instrucciones para ayudar a la evasión y en definitiva, protección a los potenciales clientes y suministradores de otros empresarios contraeconómicos. Y así es cómo nace la industria de la protección contraeconómica.

A medida que crezca, comenzaría a tomar precauciones ante posibles «descalabros», reduciendo aún más los riesgos contraeconómicos y acelerando el crecimiento. Entonces podría refinar los servicios ofrecidos, proporcionando puestos de observación y áreas de vigilancia con sistemas de alarma y mecanismos de ocultamiento de alta tecnología. Hasta se pueden ofrecer guardias para combatir a los criminales reales (aparte del Estado). Esto no debería sorprendernos pues

---

instituciones (escuela, ejército, hospital), y al menos los contraeconomistas no se verán afectados por la culpa y el remordimiento.

Así pues, en el peor caso (multa y prisión), estaría comparando 5 años de prisión más un 2'5% de 600.000 dólares (es decir, 15.000 dólares) de pérdidas, ¡contra 100.000 dólares de ganancia! Y podría asegurarme fácilmente por 15.000 dólares (o menos) para pagar todos los costes y multas. En pocas palabras, funciona.

incluso hoy en día, sin ir más lejos, muchos sectores residenciales, negocios e incluso distritos minoritarios ya disponen de patrullas privadas, tras haber renunciado a la supuesta protección de la propiedad por parte del Estado.

En el camino, el riesgo de violación de contrato entre comerciantes contraeconómicos será reducido a través del arbitraje. Entonces las agencias de protección comenzarán a proporcionar demandas por incumplimiento de contrato entre agoristas, aunque el gran «opresor» en las primeras etapas será el Estado…

En las etapas finales las transacciones contraeconómicas con estatistas serán exigibles por las agencias de protección de modo que los agoristas estarán protegidos contra la criminalidad del Estado.[33]

Llegados a este punto hemos alcanzado la última etapa antes de la consecución de una sociedad liberal. La sociedad está dividida entre grandes áreas agorista y sectores estatistas en rápida contracción.

Y estamos al borde de la Revolución.

---

[33] Probablemente sea necesario señalar explícitamente que las empresas podrían crecer bastante en la Contraeconomía. Que existan o no «trabajadores asalariados» en lugar de «contratistas independientes» en todas las etapas de la producción, es discutible, pero este autor considera que el concepto «trabajador/jefe» es un vestigio del feudalismo y no, como proclama Marx, un fundamento del «capitalismo». Desde luego, el capitalismo de estado es todo lo opuesto a lo que los libertarios defienden.

Además, incluso las grandes empresas de hoy en día pueden ser parcialmente contraeconómicas, dejando una porción en el «mercado blanco» para satisfacer a los agentes del gobierno, pagar un mínimo de impuestos y reportar un número simbólico de trabajadores. El resto del negocio podría (y ya se hace a menudo) expandirse fuera de los libros de cuentas con contratistas independientes que suministran, sirven, y distribuyen el producto final. Nadie, ninguna empresa, ningún trabajador, y ningún empresario necesita el mercado blanco.

CAPÍTULO IV

REVOLUCIÓN:
NUESTRA ESTRATEGIA

Nuestra enfermedad ha sido analizada, nuestra meta vista, el mecanismo ha sido explicado detalladamente y una serie de itinerarios han sido trazados. Deberíamos simplemente acudir a la Contraeconomía por nosotros mismos, educarnos a nosotros mismos en Libertarismo, e informar a otros por vía escrita y fáctica, alcanzando nuestra sociedad libertaria. Ningún Neolibertario debería nunca reprochar a los contraeconomistas libertarios por no hacer más. Ellos son agoristas y lo conseguirán en el tiempo que estimen conveniente.

Incluso simples agoristas como éstos, pueden sentir el deseo de colaborar con emprendedores especializados en acelerar el movimiento hacia la sociedad agorista, lejos del estatismo. Y otros, que perciben cómo el aumento de la inflación nos lleva al colapso económico o a la concurrencia de nubes de guerra, querrán que se haga algo al respecto. Por último, los contraataques del Estado que socavan las bases de la *subsociedad* agorista y atraen libertarios hacia senderos engañosos, deben ser combatidos. Estas tareas definen el campo de acción para los activistas Neolibertarios.[34]

---

[34] Algunos *agoristas* como Pyro Egon han desafiado a los neolibertarios en este punto. En la medida en que les corresponda, el manifiesto está lejos de exhibir la totalidad del programa y cualquier otro «activismo» es «movimentismo» y lo lleva a uno irrevocablemente de vuelta al estatismo.

59

De nuevo –para aquéllos que sólo desean vivir sus vidas tan libremente como sea posible y asociarse con otros de ideas afines– el libertarismo contra-económico es suficiente. No se necesita nada más.

Para aquéllos, sin embargo, que quieran apoyar, cueste lo que cueste, a esos heroicos emprendedores que se especializan en reclutar gente para el ágora, ocupándose de las catástrofes causadas por el Estado y combatiendo a los estatistas desde dentro y desde fuera, sería necesaria una guía que los ayudara a diferenciar a aquellos que «están haciendo algo que merece la pena» de los que dan vueltas sin sentido; por último, estarían aquéllos que son, en realidad, contraproducentes (por ejemplo, los contrarrevolucionarios). Y para aquéllos, como este autor, que arden por la Libertad y desean entregarse a ese trabajo en vida, una estrategia es esencial. Lo que sigue, por lo tanto, es la Estrategia Neolibertaria.[35]

Los activistas Neolibertarios deben tener en mente que una verdadera defensa contra el Estado es imposible hasta que la Contraeconomía haya generado sindicatos en las agencias de protección lo suficientemente grandes como para defenderse contra los vestigios del Estado. Esto sólo ocurrirá en la «fase de transición» entre el tercer y el cuarto paso que nos guiará desde nuestro estatismo al agorismo (Capítulo III).

Cada paso desde el estatismo hacia el agorismo requiere una estrategia diferente; las tácticas diferirán incluso dentro de cada escalón, si bien hay algunas reglas que se aplicarán en todas las etapas.

Bajo cualquier circunstancia, se debe reclutar y concienciar. Dada la típica confusión individual de quienes consideran un acto contraeconómico, debemos animarles a hacerlo. Si son lo

---

[35] *New Libertarian Strategy* es el periódico del *Movement of the Libertarian Left* –no por casualidad.

suficientemente inteligentes y no es probable que los ataquen, explica los riesgos que conlleva y la recompensa esperada. Sobre todo, conciénciales con *tu* ejemplo hasta el punto que tú los quieras dejar conocer.

Todas las «Bibliotecas Libertarias» que tú conozcas –aquéllas que profesen alguna variante teórica del libertarismo pero eviten su práctica– deberían ser alentadas a practicar lo que predican. Desprecia su inacción, alaba sus primeros y titubeantes pasos hacia la Contra-economía. Interactúa con ellos más y más conforme la confianza crezca con su capacidad y experiencia.

A aquéllos que tú sepas que han sido ya imbuidos en la Contraeconomía puedes «abrirles el camino a» la filosofía libertaria que tú dominas, esa misteriosa creencia que posees que te hace estar feliz y libre de culpa.

Vende el agorismo como ejemplo y argumento. Controla y programa tus reacciones emocionales para exhibir hostilidad contra el estatismo y el desviacionismo, y para mostrar entusiasmo y alegría hacia actos agoristas y fracasos del Estado. La mayoría de estas tácticas serán rutinarias, pero puedes probarte a ti mismo para perfeccionar algunas cosas.

Por último, coordina tus actividades con otras actividades Neolibertarias. En este punto, es cuando necesitamos ya tácticas en grupo y organización.

Son muchos los libertarios respetables que argumentan que las estructuras del mercado de empresas, asociaciones, y sociedades por acciones[36] proporcionan toda la organización necesaria o deseable; salvo quizás para el apareamiento o la

---

[36] Pero no una corporación, que es una compañía individual ficticia creada por el Estado y dotada de privilegios. Algunos privilegios, además de las subvenciones y aranceles son los tipos impositivos especiales, la responsabilidad limitada, los beneficios en las disputas legales, licencias y exención de las regulaciones. Es cierto que se encuentran con ciertos

socialización. En cierto modo tienen razón al señalar que todas las estructuras deben ser compatibles con el mercado o, si no, serían inconsistentes con el agorismo. Desde otro punto de vista, ellos son culpables de la escasez de imaginación y de interés por formar algo con más fundamento.

En una sociedad agorista, la división del trabajo y el auto-respeto de cada trabajador-capitalista-emprendedor eliminará probablemente la tradicional organización empresarial —especialmente la jerarquía empresarial, una imitación del Estado y no del Mercado. La mayoría de las compañías serán asociaciones de contratistas independientes, consultores, y otras empresas. Muchas pueden ser tan sólo un emprendedor y todos sus servicios, ordenadores, proveedores y consumidores. Este modo de operar está ya funcionando y creciendo en los segmentos más libres de las economías occidentales.

De este modo, una asociación de emprendedores de la libertad para conseguir la especialización, coordinación, y la distribución de actividades libertarias no es una violación del mercado y puede ser también óptima. El nombre tradicional para designar a un grupo de unidades soberanas que unen sus fuerzas en pos de una meta, continuando el camino por separado tras alcanzarla, es el de la *alianza*. De ahí que la organización básica para activistas Neolibertarios sea la *New Libertarian Alliance*.[37]

---

inconvenientes, pero nada comprado con un negocio de *mercado blanco* no constituido.

[37] La primera *Alianza Neolibertaria* fue constituida en 1974 por quien firma estas líneas, prematuramente en muchos sentidos, con reclutamientos efectuados tras un *allanamiento* al «Libertarian» Party, además de unos pocos contraeconomistas. El mercado resultó no estar preparado para un crecimiento en estas actividades comerciales, por lo que la AN ha empleado la mayor parte de sus energías en la edificación de este mercado.

Cualquier agrupación de Neolibertarios puede denominarse a sí misma como Alianza Neolibertaria sin necesidad de una autorización oficial; la

La organización de AN (o ANs) es simple y debería evitar convertirse en un órgano político u organización autoritaria. Más que funcionarios, necesitamos tácticos (coordinadores locales con capacidad para la planificación táctica) y estrategas (coordinadores regionales con facultad para pensar estratégicamente). Un Aliado Neolibertario no *sigue* a un táctico o a un estratega, sino que «compra» su argumentario y pericia. Cualquiera que ofrezca un plan mejor puede reemplazar al planificador previo. Tácticas y estrategias deberían ser «compradas y vendidas» por los Aliados como cualquier otra mercancía que concuerde con el ingenio agorista.

Incluso aunque estas etiquetas hayan sido extraídas de la historia militar, y se correspondan con una forma de combate, nunca olvidéis que la verdadera confrontación física contra las fuerzas del Estado debe esperar a que la generación del mercado de sindicatos de agencias de protección sea lo suficientemente fuerte; todo lo demás es prematuro.[38]

¿Cuál es la estrategia global, la estrategia continental, y cuáles las estrategias locales para que una AN alcance óptimamente sus objetivos? De nuevo, echemos un vistazo a

---

mayoría probablemente desearía coordinarse con otras agrupaciones similares, buscando estrategias comunes, aunque las tácticas puedan diferir debido a las distintas condiciones de estas Alianzas.

[38] Esta forma de organización de la AN funcionó bien durante el período de Long Beach, manteniéndose constantemente en práctica. La estrategia regional no fue totalmente «conmocionante» en la práctica, pero ninguna otra agrupación AN mantuvo un nivel tan alto de compromiso entre los aliados, que continuamente trabajaban y desarrollaban esta teoría.

En cuanto a los ejércitos, cabe señalar cómo Nestor Makhno concibió un ejército de formas bastante anarquistas, con un núcleo reducido de oficiales y voluntarios, llenando las filas cuando estuviesen necesitados o convencidos de la necesidad. Él combatió, sucesivamente, a los Rojos y a los Blancos en la Ucrania de 1918-1920, hasta verse abrumado por el número de estatistas rojos victoriosos que combinaron todos los recursos de un continente contra él.

los cuatro pasos que nos llevan desde el ágora al estatismo (o desde el estatismo al ágora). Los tres primeros son más bien divisiones artificiales: no hay grandes cambios desde el primero al segundo ni desde éste al tercero. Como veremos, es más probable que la transición del tercer al cuarto paso sea repentina, aunque esto no sea requerido por la naturaleza del ágora; más bien, la convulsión será causada por la naturaleza del Estado. De hecho, toda violencia, disturbios, inestabilidad y trastornos son causados por el Estado —nunca fomentados por Neolibertarios.

Presta atención, tú que serías un paladín de la Libertad: *nunca inicies ningún acto de violencia pese a que un resultado «libertario» pareciese probable.* Hacer eso es reducirte a ti mismo al estatismo. No hay excepciones a esta regla. O eres fundamentalmente consecuente o no. Un Neolibertario es fundamentalmente consecuente y quién no sea fundamentalmente consecuente no es un Neolibertario.[39]

Usando el análisis Neolibertario, sin embargo, uno puede predecir el probable estallido de la agresión estatal y actuar para atajarla o incluso defender o evacuar a las víctimas. Uno puede también predecir las consecuencias de desviaciones por parte de grupos libertarios y evitar las traiciones y desastres, o ganar respeto por dichas predicciones y dignificar el Neolibertarismo ante los miembros potenciales. Deja que el Estado

---

[39] Ningún tipo de afiliación o credencial es necesaria o deseable para la AN. En efecto, uno puede hacer una lista de aquéllos con los que reunirse y planificar, y comunicarse mediante correo. Pero no hay nada sagrado o especial en estas listas; proceden simplemente del juicio de un estratega o un táctico.

Uno no puede ser expulsado de la AN. Uno es o deja de ser un Neolibertario acorde con la evidencia que reflejan sus propios actos; otros aliados deben juzgar por sí mismos. Todo aquel que te acepte como Neolibertario está aliado contigo; aquellos que te rechazan no impiden, en forma alguna, que puedas aliarte con otros Neolibertarios.

sea el incendio forestal; las ANS son los tragadores de humo que saben cómo arde, cómo cortar el fuego, cómo afectan las rachas de aire, dónde las chispas pueden volar, y, finalmente, cómo extinguirlo.

Con esto en mente, nombremos los cuatro pasos hacia el ágora como cuatro fases y tracemos la estrategia más apropiada para cada una.

Fase 0: Sociedad Agorista de densidad cero

En esta fase −la mayor parte de la Historia humana− no existe ningún agorista, sólo libertarios esparcidos o pensadores protolibertarios practicando y practicantes de la Contraeconomía. En el momento en que alguien lea este manifiesto y lo desee aplicar, nos hemos movido a la siguiente fase. Todo lo que pueda hacerse en la fase 0 supone una lenta evolución de las conciencias, y una gran cantidad de frustrantes dicotomías.

Hasta que tú −el primer agorista en un paradigma de Fase 0− hayas acumulado ganancias, tu única estrategia debe ser incrementar tus números, así como a ti mismo en la práctica Contraeconómica. La mejor forma de organización es una Alianza Libertaria, en la cual tú alejas a los miembros de la actividad política (donde han acudido ciegamente a buscar alivio de la opresión que sufren) y llamas la atención sobre labores de educación, publicidad, reclutamiento y tal vez algo de campañas *antipolítica* (esto es, «No los votes, «Nadie por encima de ti», «Boicotea las votaciones, «¡No votes, eso sólo los alienta!» etc.) para publicitar la alternativa libertaria. Una LA puede insistir para acordar todos estos principios, pero siempre desde la unanimidad de los mismos. Sólo los principios más claramente libertarios serán finalmente asumidos y tú puedes siempre vetar una postura desviacionista. Siempre debes alentar tendencias «fuertes» (consistentes) y desdeñar las «débiles» (inconsistentes).

Fase 1: Sociedad Agorista de baja densidad

Los primeros contraeconomistas libertarios aparecen en esta fase y tienen lugar las primeras maniobras serias en el movimiento libertario. Desde que un puñado de libertarios son muy consistentes, el desviacionismo eclosionará y tenderá a abrumar al activismo. Los planes de «Conseguir urgentemente la libertad» del *anarcosionismo* (escapando rápidamente hacia la Tierra Prometida de la Libertad) conducirán a que los impacientes sean seducidos por el oportunismo político y desmotivará a los desinformados. Todo fallará a menos que la libertad vaya creciendo individuo a individuo. *Es imposible convertir a la masa.* Existe una excepción –la radicalización causada por el ataque sobre la colectividad por parte de los estatistas. Aún así, se requieren emprendedores de la Libertad para poder informar convenientemente a la colectividad perseguida, siendo ellos quienes mantendrán en pie la coherencia de las tesis libertarias, impidiendo el esparcimiento aleatorio de las mismas o, mucho peor, dejando que afluyan hacia nuevas formas de estatismo. Estas crisis de estatismo son espontáneas y predecibles, pero no pueden haber sido causadas por libertarios morales y consistentes.

La estrategia de los primeros Neolibertarios es combatir los anti-principios que fortalecen al Estado y disipan inútilmente las energías anarquistas. La estrategia general delinea previamente las acciones: convertir a los libertarios en contraeconomistas y persuadirlos para que lleguen a ser los agoristas que más trabajen en llevar la doctrina contraeconómica al libertarismo.

Los proto-Neolibertarios pueden trabajar dentro de las organizaciones y clubs libertarios ya existentes como «sectores radicales», grupo de activistas o bien como una facción de Libertarios Izquierdistas en general. Una AN sería prematura aquí, pues no podría ser aún autosuficiente.

Lo que podría dar buenos resultados es −bajo cualquier etiqueta parece ser la forma más efectiva de reclutamiento− es un *Movimiento de la Izquierda Libertaria (MIL)*. Dicho movimiento es en sí mismo una bolsa en la que se mezclan individuos con distintos grados de radicalidad, pero todos ellos aspiran y se mueven hacia el ideal del Neolibertarismo. Aún dentro del MIL, la estructura debería flexibilizarse. La mayoría de los Neolibertarios serán los más competentes a la hora de coordinar y planificar los proyectos; es decir, aquellos que tengan un mayor entendimiento, más experiencia en la práctica del *agorismo* y un mayor celo para la acción serán los llamados a dirigir naturalmente los recursos. Cada MIL, así como cada AN, gasta sus propios recursos y decide si acepta los consejos de los especialistas tácticos o la planificación de los estrategas, como haría cualquier empresario con su asesor personal.

Ciertos *disfraces* seudopolíticos públicos pueden ser necesarios para acceder a foros públicos y otros medios de difusión; además, la mayoría de la gente no entenderá tu organización de libre mercado a menos que la traduzcas a la terminología seudopolítica y se lo repitas.

A estas alturas, en los últimos pasos de la Fase 1 y contando con un funcionamiento suficientemente grande del MIL, este «núcleo duro» del movimiento puede aplicar sus influencias para formar grupos más grandes de semiconvertidos cuasi libertarios y bloquear así las acciones marginales del Estado. Esto significa coste alto, «ganancia rápida», pero con un rendimiento táctico de corto alcance y debería ser poco común (esto será cubierto posteriormente; básicamente, evitemos la guerra y el exterminio masivo de libertarios).

Seguir todas las actividades anteriormente señaladas, radicalizar a los libertarios y desarrollar el proyecto de la AN. Eso es todo lo que uno puede realizar.

Fase 2: Sociedad Agorista de Densidad Media y Pequeña Condensación

En este punto, los partidarios del estatismo comienzan a prestar atención al *agorismo*. Mientras que antes los libertarios podían ser manipulados por una facción dominante en detrimento de otra (en cierta medida una competencia anti-mercado, jugando con votos y balas más que con innovación y precios), comenzarán a ser percibidos como una amenaza. Pogromos (detenciones masivas) pueden llegar a ocurrir, aunque no deja de ser improbable. Recuerda, la mayor parte de los agoristas se han integrado con el resto de la sociedad, y al asociarse con ellos los individuos se convertirán parcialmente en libertarios y contra-economistas.

Con el fin de alcanzar esta fase, la sociedad entera ha sido contaminada por el *agorismo*, al menos hasta cierto punto. De esta forma, ahora es posible para los primeros guetos o distritos de *agoristas* salir a la luz y contar con la simpatía del resto de la sociedad para refrenar un ataque masivo del Estado.[40]

Estas comunidades, ya sean subte-rráneas o se sitúen en la superficie, pueden ahora sustentar a la Alianza Neolibertaria.

---

[40] La aparición prematura de comunidades *agoristas* llevará a su supresión violenta por parte del Estado. La AN deberá defender a quienes puedan ser rescatados cuando las condiciones históricas sean complicadas, y advertir y evacuar a aquellos que han sido arruinados.

La AN actúa como portavoz del *ágora* ante la fracción social partidaria del estatismo, usando toda oportunidad para promulgar la superioridad de la forma de vida agorista frente a la propuesta por el Estado, o quizás argumente en favor de la tolerancia con aquellos que han tomado una «vía diferente».[41]

En esta fase, la sociedad *agorista* es vulnerable a la regresión estatista por parte del pueblo. Así, los *agoristas*, contando o no con visibilidad, tienen un gran incentivo al menos para mantener el nivel presente de conciencia libertaria entre el resto de la población. Esto puede ser hecho de forma más experta por la AN (una forma de definir quién integra la AN en esta fase), que encuentra aquí su sustento y su misión. Pero además de defender la subsociedad *agorista*, puede trabajar en pos de la aceleración del próximo escalón evolutivo.

---

[41] Esto se mantiene todavía dentro de los límites de la moralidad Neolibertaria para advertir a una facción de los Altos Círculos sociales que la existencia de los *agoristas* los beneficia aún más que la otra facción. Hasta que ningún estatista pueda nunca ser ayudado en el saqueo y el asesinato −e incluso aliándose un estatista contra otro se consumen los escasos recursos para el resultado de una simple negociación entre opresores−, el neolibertario puede percibir cómo con la simple existencia de un negocio común, la actividad agorista es relativamente más perjudicial para un grupo de estatistas que para otro.

Una buena regla a seguir en la táctica para vencer a grupos de poder es estar seguro de que no se les dedica ningún recurso más que declaraciones extra basadas en publicaciones habituales y la exposición en los medios de comunicación por trabajos realmente importantes… y en conversaciones privadas, si uno frecuenta esos círculos sociales.

Dicha táctica fracasa cuando la sociedad *agorista* comienza a ser percibido como demasiado amenazante; entonces, todas las facciones estatales se unen para salvar sus cuellos.

*Fase 3: Sociedad Agorista de Alta Densidad
y Gran Condensación*

En esta fase, el Estado se mueve hacia una serie de crisis terminales, con ciertas analogías con el bien conocido escenario marxista, pero con causas distintas –reales, en el caso que nos ocupa–. Afortunadamente, el potencial de daño ha sido drásticamente reducido por el debilitamiento de los recursos del Estado y por la corrosión de su autoridad debido al crecimiento de la Contraeconomía.

De hecho, dado que los recursos económicos posibilitan la igualdad entre el Estado y el Ágora, el Estado es *empujado* a la crisis. Las guerras y la inflación rampante con depresiones y derrumbamientos se perpetúan en el momento en que el Estado trata de reconquistar la autoridad perdida. Es posible revertir este declive corrompiendo el Ágora con seductores anti-principios, de forma que la primera tarea de la AN –mantener la vigilancia y la pureza de pensamiento– fuera neutralizada. En esta fase, la AN puede dejar de conservar su sello particular y perder su vieja forma. Los Neolibertarios más motivados se movilizarán para investigar y desarrollar segmentos de las agencias de protección y arbitraje agoristas emergentes, y se postularán como directores de los sindicatos de las empresas de protección. La situación ahora se aproxima a la revolución, pero es aún reversible.[42] De nuevo, los neolibertarios están en la vanguardia, manteniendo y defendiendo su posición en este punto de la revolución, pero mirando hacia la próxima fase.

---

[42] Digamos que hay una región altamente *agorista* y otras más primitivas. Los recursos pueden ser transferido por el Estado para aplastar este *ágora* (vulnerable entonces) prematuro y localizado. Esto se aplica a la Fase 2, principalmente.

La AN (ahora sólo un término colectivo para los elementos más centrados en analizar el futuro) puede acelerar el proceso mediante el descubrimiento y desarrollo de los mejores métodos de protección y defensa —tanto en la teoría como en la práctica— para su industria y emprendiendo sus innovaciones.

En esta fase de transición entre la 3 y la 4, encontramos el último desencadenamiento de violencia por parte de las Clase Dominantes del Estado con el fin de suprimir aquellos elementos que traerán la justicia para todos los delitos estatales pasados. Los intelectuales del Estado se dan cuenta de que su autoridad ha fracasado y que todo se perderá; las cosas deben ser revertidas, ahora o nunca. La AN debe impedir la conciencia prematura de este estatus *o* la acción prematura sobre esta conciencia. Esta es la meta estratégica final de la AN.

Cuando el Estado desencadena su oleada final de supresión, y ésta es exitosamente resistida, nos encontramos con la definición de *Revolución*. Una vez que su realización imposibilite al Estado el saqueo y la manutención de su clase parasitaria, las fuerzas armadas cambiarán su posición en favor de quienes puedan pagarles mejor, y el Estado *implosionará* rápidamente, sobreviviendo en pedacitos repartidos en áreas secundarias, si es que sobreviven.[43]

Fase 4: Sociedad Agorista con Impurezas Estatistas

El colapso del Estado deja sólo labores de limpieza. Desde que las agencias privadas de seguridad y las compañías asegurado-

---

[43] Algunos argumentarán que el Estado puede colapsar pacíficamente cuando los estatistas sientan la proximidad de su final definitivo. Si los estatistas fueran tan razonables como para no recurrir a la fuerza, contemplando las alternativas que ofrece mercado, *no serían estatistas*. La Revolución es tan inevitable como cualquier acción humana pueda llegar a serlo.

ras no ven Estado del que defenderse, el sindicato de protectores aliados colapsa y la Alianza Neolibertaria —al colapsar su principal apoyo— se disuelve. Los estatistas encarcelados pagan el restablecimiento del orden libertario y —si viven el tiempo suficiente como para saldar sus deudas— son reintegrados como emprendedores productivos (su entrenamiento comienza inmediatamente después de haber pagado su deuda).

¡Ya estamos en casa! (Capítulo II). El Neolibertarismo es reconocido como la base organizativa de una vida normal, y abordamos los otros problemas a los que se enfrenta el ser humano.

CAPÍTULO V

¡ACCIÓN!
NUESTRAS TÁCTICAS

El capítulo anterior ya examinó algunas tácticas. Aquellas que han sido consideradas productivas por libertarios radicales y el MIL incluyen la infiltración de grupos menos radicales para provocar escisiones mediante la presentación de alternativas; el enfrentamiento a la coerción (o alejamiento) a través del rechazo y protestas visibles; el arte de comerciar a diario entre amigos; grupos sociales libertarios como pueden ser clubs nocturnos de cena para intercambiar información, bienes, apoyos y actuar como un protoágora; y, por supuesto, publicaciones, conferencias, escribir ficción con mensajes agoristas,[44] y diversas actividades educativas: profesores, consultor de negocios, artista, revisionista histórico, economista agorista, etc.

Las tácticas exitosas son las únicas que pueden ser descubiertas, usadas, y transmitidas. Sólo aquellos que perciben que las condiciones son suficientemente similares en tiempo y espacio a aquellas en donde una táctica funcionó están capacitados para usarla. Pero como no podía ser de otra forma, nada de esto está exento de riesgo; al fin y al cabo, el activismo no es más que esto, una forma de ímpetu empresarial, de adivinar las condiciones del mercado y de suministrar una demanda. Habrá quienes lleguen a hacer cada vez mejores conjeturas;

---

[44] Por ejemplo, *Alongside Night* por Neil Schulman (Crown, 1979: Ace, 1982, Avon, 1987, SoftServ, 1990, Pulpless, 1999) y se esperan secuelas.

y esto sería lo que haría que cierto empresario sea exitoso. Todo esto, si puedes aplicarlo, está en la Acción Humana de Von Mises.

Ahora bien, para averiguar qué ha sido ya intentado, con éxito o sin él, la comunicación es necesaria. Si has alcanzado esta página y estás de acuerdo y tienes deseos de apoyar la resistencia o una ardiente necesidad de resistir la coerción, estás preparado para el MIL o el AN existente, en función de la fase en la que nos encontremos actualmente (Capítulo IV). ¡Libérate! ¡Mantente activo!

¿En qué fase estamos? En Octubre de 1980 (primera edición) la mayoría del planeta Tierra está en fase 0. Las Islas Británicas, Australia y Canadá se han movido sustancialmente a la Fase 1; Norte América está en la Fase 1. Sólo en la mayor concentración de libertarios hoy en día, en el Sur de California, se puede intuir los primeros signos de Fase 2. Asumiendo que la situación no se revierte, las primeras gotas de sociedades agoristas actuales (anarcovillas) seguirán nucleando una posible subsociedad.

El Movimiento de la Izquierda Libertaria existe sólo en California con unos pocos y dispersos núcleos, agentes y células, en Alliance. La Nueva Alianza Libertaria de la que hablamos anteriormente, es aún prematura y ha quedado en estado embrionario (o núcleo) hasta que las condiciones necesarias aparezcan para poder sostenerla.

El MIL trabaja precisamente para eso. Externamente, el colapso mundial de la «Izquierda»[45] ha debilitado las restricciones

---

[45] La Izquierda era originariamente proto-Libertaria, como señaló el historiador revisionista Leonard Liggio. En la Asamblea Francesa, el libremercadista Frederic Bastiat se sentó cerca del anarquista Pierre-Joseph Proudhon. Incluso hoy los marxistas se refieren a los anarquistas como elementos «ultraizquierdistas». Los elementos libertarios y marxistas eran casi iguales al final de la Primera Internacional de Workingman. Los

en los segmentos con competencias del Estado, el cual se está apresurando hacia una guerra para volver a confundir a sus impacientes víctimas con el patriotismo. Aprovechar el abandonado liderazgo sobre los movimientos anti-imperialistas, anti-guerra y anti-reclutamiento, con un fresco y vigorizante respaldo ideológico, puede ser una oportunidad para que los libertarios abracen la Izquierda. No obstante, el MIL tiene que competir con elementos *partitárquicos* y monocentristas para lograr imponerse.[46]

Los bandazos de la plutocracia americana, que van desde el borde de la inflación galopante hasta la depresión y viceversa, con oscilaciones cada vez más salvajes, ha causado pánico en una gran número de empresarios complacientes, y ha elevado su conciencia más allá de la conservadora postura de desear restaurar la estabilidad a considerar alternativas radicales e incluso revolucionarias. Solo la Izquierda Libertaria puede conducir a esos empresarios a una posición «ideológica», que no exclusivamente pragmática. Ahí están nuestras oportunidades.

Internamente, el Partido «Libertario» entró en crisis en las elecciones presidenciales de 1980. El prematuro desenmascaramiento del estatismo inherente a la partitarquía, debido al oportunismo descarado de Crane es el nombre de una persona Clark, ha logrado generar no sólo la oposición por parte de la izquierda sino también por parte de la derecha y del centro.[47] Deserciones importantes ocurren a diario.[48]

---

marxistas y sus traicioneros imitadores han estado predominando desde los años 1890, hasta perder la fe en sí mismos con el colapso de la Nueva Izquierda, las invasiones de Checoslovaquia y Afganistán por parte de la U.R.S.S y la invasión de Vietnam por parte de China (la guerra «imposible» entre dos estados marxistas).

[46] Actualmente, «L» P «R» C y SLS respectivamente.

[47] La «Derecha» del libertarismo actual está bastante imbuida en principios, sin embargo muchos de esos supuestos principios son en realidad

El fracaso de algunos elementos reformistas a la hora de derrocar al Kochtopus mediante la Convención de Denver (Agosto de 1981) y para calmar la línea no radical, puso al U.S.L.P en una situación dramática y generó cientos de desilusionados reclutas para el MIL, para la educación antipartidista y para actividades contraeconómicas. [48]

Usando este manifiesto como manual e inspiración, los estrategas y tácticos Neolibertarios pueden investigar, desarrollar, corregir y promulgar la Estrategia Neolibertaria y las tácticas propicias según las condiciones. Se necesita mucho trabajo, pero es que los posibles resultados no son triviales: el fin de la política, de los impuestos, del servicio militar obligatorio, de las catástrofes económicas, de la pobreza involuntaria y del

---

anti-principios: gradualismo, conservadurismo, reformismo y minarquismo. La revista *Reason* y sus boletines de noticias son sus órganos principales. El «Centro» incluye a Murray Rothbard y sus seguidores, ahora organizados en el LP «Radical» Caucus, que apoya a Clark «críticamente», es decir, externamente, pero no internamente. Los centristas rothbardianos se han desplazado a la Izquierda, abandonando el monocentrismo.

[48] Murray Rothbard, como se ha mencionado; el director del consejo del partido del Sur de California, Dyannne Petersen; y otros que informan a este escritor que su inminente deserción está a punto de ocurrir. Y acabará ocurriendo.

Nota Especial a la Primera Edición: Ocurrió.

Un goteo constante de desertores del LP se ha ido sumando a las filas del MIL mes tras mes desde entonces. Al menos un nuevo grupo de Izquierda Libertaria, los Voluntaristas, ha surgido para competir con los ex partidistas. Y Murray Rothbard está organizando, en este momento, un enfrentamiento de última hora por el control del LP con el remanente del Kochtopus en la convención para la nominación presidencial, que se celebrará en Septiembre de 1983 en la ciudad de Nueva York.

Nota Especial a la Primera Edición: La tendencia persiste a día de hoy.

El LP continúa captando jóvenes radicales idealistas, succiona su entusiasmo, los desilusiona, y o bien los transforma en apáticos pesimistas, o los entrega (radicalizados y reenergizados por tanta decepción) al agorismo, que los recibe siempre con los brazos abiertos.

asesinato en masa de las guerras; todo lo cual se conseguiría tras vences en una guerra final entre la sociedad y Nuestro Enemigo, el Estado.

La Contraeconomía ofrece una inmediata gratificación a aquellos que abandonan la restricción estatal. El Libertarismo premia a quienes lo siguen con más liberación y realización personal que cualquier otra alternativa concebida. Pero solo el Neoliberrevista Reasontarismo ofrece reformar la sociedad en un modo de vida moral sin necesidad de cambios en la naturaleza del Hombre. Las utopías pueden ser descartadas; por fin tenemos una idea de cómo remodelar la sociedad para adaptarse al Hombre y no para que el Hombre se adapte a la sociedad. ¿Qué otro desafío más gratificante puede ser ofrecido?

En caso de que a estas alturas hayan elegido el camino del Neolibertarismo, quizás desees unirte a nosotros en nuestro juramento o grito de batalla de la «Triple A» —o algo parecido— y renovarte a ti mismo regularmente:

«Somos testigos de la eficacia de la libertad y nos regocijamos en la intrincada belleza de los complejos intercambios voluntarios. Exigimos el derecho a todo ego de maximizar su valor sin ningún límite salvo el de otro ego. Proclamamos la Edad del Mercado Desatado, las naturales y adecuadas condiciones para la humanidad, riqueza en abundancia, metas sin fin ni límites, y el significado de todo: Ágora.»

«Instamos a todos aquellos que no dudarían en encerrarnos que nos expliquen las causas; a falta de pruebas de nuestra agresión, rompemos los grilletes. Traemos a la justicia a todos aquellos que han agredido alguna vez. Restauramos a todos los que han sufrido opresión hacia su legítima condición. Y destruimos siempre el mayor Monstruo de todos los tiempos, el seudolegitimado monopolio de la coerción de nuestras mentes y de nuestra sociedad, el protector de los agresores y desarticulador de la justicia. Esto es, nosotros aplastamos al Estado: Anarquía.»

«Forzamos nuestra voluntad hasta los límites personales restringidos sólo por una moralidad consistente. Nos rebelamos contra los anti-principios que socavarían nuestra voluntad y combatimos a todos los que físicamente nos desafían. No descansamos ni desperdiciamos recursos hasta que el Estado esté aplastado y la humanidad haya alcanzado su hogar agorista. Ardiendo con un incansable deseo de Justicia para ahora y Libertad para siempre, nosotros ganamos: ¡Acción!»

«Ágora, Anarquía, ¡Acción!»

SAMUEL EDWARD KONKIN III
12 de octubre de 1980
Anarcovilla (Long Beach)

78

WALLY CONGER

TEORÍA DE CLASES AGORISTA

ENFOQUE PARA EL ANÁLISIS DEL CONFLICTO DE CLASES

Prólogo de
Brad Spangler

*Este trabajo está dedicado a Sam,
quien puso a rodar la bola.*

PREFACIO

El mismo término evoca imágenes mentales, y con razón, de tiranos sangrientos y de sus apologistas: desde los campos de exterminio de Camboya hasta la masacre en el bosque de Katyn; desde los embaucadores estatistas que piden más poder gubernamental para "luchar contra la pobreza" hasta los nietos ideológicos bastardos de Trotsky, que llamamos *neoconservadores*.

Ha sido una hoja de parra para el bandidaje y los sedientos de poder y sangre. Ha sido el mantra de aquellos que conspirarían para hacer realidad la pesadillesca visión de Orwell de una bota totalitaria pisoteando para siempre un rostro humano.

Me refiero a la otra guerra: la guerra de clases.

La doctrina marxista sostenía, en pocas palabras, que la relación entre la la gente común (el proletariado) y la élite (los capitalistas) era una continuación de la relación de amo y esclavo de la Antigüedad, y que cualquier medio, sin importar cuán ostensiblemente malvado fuera, podría antojarse justificable para abordar esa inicua inequidad.

Con el colapso de casi todos los estados declaradamente marxistas a finales de los 80 y principios de los 90, se suponía que la noción de lucha de clases quedaría relegada al basurero de la Historia, junto con el resto del humo y los espejos de la ideología marxista.

Sin embargo, sólo hay un problema: el análisis de Marx del mundo que lo rodeaba era en parte incorrecto y en parte correcto. Donde hay verdad, hay relevancia. Es hora de que los libertarios desempolven las nociones de lucha de clases, conciencia de clases y guerra de clases para ubicarlas dentro de un marco ideológico libertario/anarquista cada vez más sofisticado bajo la primacía del Principio de agresión cero.

Como se verá, un defecto del pensamiento de Marx fue su teoría de la explotación.

Los libertarios reconocen que no hay nada inherentemente "explotador" en cualquier acuerdo genuinamente voluntario, como aceptar trabajar por un salario. Del mismo modo, no hay nada virtuoso en coaccionar sutilmente el cumplimiento de las demandas de que el trabajo se realice en los términos dictados, incluidos los salarios. En lo que Marx tenía razón es en que, bajo el capitalismo de Estado (a diferencia de lo que supondría un mercado verdaderamente libre), existe una relación de explotación entre los intereses de los adinerados y los de la gente común. Sin embargo, identificó erróneamente a la clase opresora.

¿Cuál es esta clase opresora? La verdadera clase opresora es la «clase política», tal como la identificaron originalmente los franceses Charles Comte y Dunoyer hace más de 150 años. Por «clase política» se entiende aquella que no obtiene su sustento del mercado, sino del Estado. La clase política es la clase parasitaria que adquiere su sustento a través de "medios políticos": a partir de "confiscaciones, impuestos y otras formas de coerción". Sus víctimas somos el resto de nosotros –la clase productiva–, aquellos que se ganan la vida a través de medios pacíficos y honestos de cualquier tipo, como un trabajador o un empresario.

El capitalismo de Estado, que suele confundirse con el libre mercado, es más bien una forma de socialismo, en el

84

sentido hayekiano del control estatista ejercido. Es decir, es bandidaje disfrazado de ley. También sería económicamente correcto etiquetarlo como fascismo, mercantilismo o estatismo corporativo. Por el contrario, sostengo que un mercado verdaderamente libre (o capitalismo en el sentido randiano de no agresión, excepto por el fetiche personal de Rand por las grandes empresas) tendría una sorprendente similitud con la visión de los socialistas y distributistas antiestatales.

Wally Conger ha destilado en el texto adjunto la esencia de la exposición inacabada de Samuel Edward Konkin III sobre esta teoría de clases: agorismo contra marxismo. Es un gran honor para mí presentar la *Teoría de clases agorista.*

BRAD SPANGLER

INTRODUCCIÓN

En Estados Unidos, "sólo los chiflados de derecha y los comunistas hablan de clases dominantes y estructuras de clases", comentó el fallecido Samuel Edward Konkin III allá por los años 1980.

Konkin no era ni un chiflado derechista ni un comunista. Pero su teoría de las clases dominantes y las estructuras de clases sigue siendo hoy una brillante alternativa libertaria a las agotadas teorías marxistas de la lucha de clases. Y esa teoría puede servir como base sobre la cual construir un movimiento libertario fuerte y revitalizado.

Nacido en Saskatchewan, Canadá, el 8 de julio de 1947, Sam Konkin (conocido también por sus íntimos y otras personas como "SEK3") fue un líder de alto perfil en la segunda generación del movimiento libertario "moderno". Fue discípulo de Murray N. Rothbard, posiblemente el miembro más importante de la primera generación del movimiento. De hecho, Konkin era un rothbardiano radical y coherente, que a menudo superaba al gran Murray. SEK3 llamó *agorismo* a su rothbardianismo extremo, que defendía una sociedad sin Estado de mercados negros pacíficos.

Durante más de dos décadas, Konkin prometió escribir un libro titulado Contraeconomía, una gigantesca obra académica que, juró, sería para el agorismo lo que *El capital* fue para el marxismo. Pero el volumen nunca apareció. Konkin, sin

87

embargo, firmó una importante guía estratégica para lograr su sueño agorístico, el *Manifiesto neolibertario*, que se convirtió para su recién nacido Movimiento de Izquierda Libertaria en lo que *El Manifiesto Comunista* fue para el comunismo, o lo que la *Declaración de Port Huron* había sido para los movimientos de izquierda en los años 1960. Además de este manifiesto, SEK3 publicó, durante un período de 30 años, publicaciones libertarias "clandestinas" como *New Libertarian*, *New Libertarian Notes*, *New Libertarian Weekly*, *Strategy of the New Libertarian Alliance*, *The Agorist Quarterly* y *New Isolationist*. Fue a través de estas publicaciones periódicas que Konkin elaboró su filosofía con desorganizado detalle.

Un principio elemental del agorismo fue su teoría única de clases. En un artículo titulado "¿Cui Bono? Introducción a la teoría de clases libertaria" (ver Apéndice), publicado en *New Libertarian Notes* #28 en 1973, Konkin concluyó:

El Estado es el principal medio por el cual la gente vive del saqueo; el Mercado, por el contrario, es la suma de la acción humana de lo productivo.

El Estado, por su existencia, divide a la sociedad en clase saqueada y clase saqueadora.

Históricamente, el Estado ha sido dirigido por aquellos que más ganan con su existencia: la "clase alta", la clase dominante, los círculos superiores o "la Conspiración".

Los Círculos Superiores lucharán por mantener su estatus privilegiado, y lo han hecho contra los libertarios que buscan su derrocamiento y la restitución de sus posesiones a aquellos a quienes les fueron arrebatadas.

Los políticos operan como "gladiadores" en la bien llamada Arena Política para resolver disputas entre los Círculos Superiores (que no son monolíticos).

Diez años más tarde, Konkin comenzó a trabajar en un libro para distinguir la teoría de clases agorista de la teoría de clases

88

marxista llamado *Agorismo contra marxismo*. Sólo se publicaron una introducción y un primer capítulo (en *Strategy of the New Libertarian Alliance* #2), y el libro, como la mayoría de los otros proyectos de SEK3, quedó inacabado en el momento de su muerte en 2004.

Este breve volumen representa mi intento de resumir (y de alguna manera actualizar) ese material.

EL FRACASO DEL MARXISMO

El marxismo está muerto. Esto se reconoce en casi todas partes, con excepción de los campus universitarios y entre los viejos y pesados izquierdistas y los desinformados expertos de los medios de comunicación. "El sueño [marxista] ha muerto", escribió Samuel Edward Konkin III. "Las instituciones siguen adelante, zombis decadentes que requieren entierros y desmembramientos. Los 'sepultureros del capitalismo' se acercan a su propio fin".

El marxismo fracasó en muchos frentes; quizás en todos. Pero lo más fundamental es que su fracaso fue económico. El "mapa de la realidad" de Marx –su teoría de clases– tenía errores fatales, y la economía era la medida mediante la cual su filosofía podía compararse con la realidad. El fracaso de su teoría económica condujo inevitablemente al fracaso del marxismo a la hora de estar a la altura de sus predicciones políticas e históricas. Escribió SEK3:

> Recordemos bien que Marx describió la Historia y no permitió ningún desvío significativo del rumbo ya determinado. Pero si la Historia no se desarrolla según el camino determinado y calculado "científicamente", toda la estructura teórica marxista se desmorona...
>
> El marxismo no logró producir un "modelo viable de realidad". Por otra parte, se ha ganado los corazones y las almas de miles de millones de personas durante el siglo pa-

sado. Para enterrar a Marx, es necesario abordar su aparente éxito, no sus fracasos. Se deben superar sus puntos fuertes, no los débiles, si [los rothbardianos radicales, los agoristas] esperan reemplazar su visión como principal inspiración de la izquierda.

EL LLAMAMIENTO MARXISTA

El propio Karl Marx afirmó que si la Historia no lo confirmaba, admitiría que estaba equivocado.

La Historia ha dictado sentencia.

Tal como predijo Ludwig von Mises en su histórico libro *Socialismo* (1922), en el que se demostraba la imposibilidad del cálculo económico bajo el estatismo marxista, la economía de Marx fracasó horriblemente. Este fracaso económico condujo inevitablemente al fracaso de las predicciones políticas e históricas de Marx, y las instituciones controladas por los marxistas hoy se dejan llevar por el capital intelectual y la inercia histórica.

Pero el marxismo todavía se ganó los corazones y las almas de miles de millones de personas durante el siglo pasado, y continúa ganándoselos entre muchos incluso hoy. ¿Por qué? ¿Cuál es el atractivo del marxismo? Samuel Edward Konkin III escribió:

> La parte más atractiva del marxismo bien puede haber sido la visión de la revolución sociopolítica a modo de apocalipsis secular. Mientras otros ofrecían explicaciones sobre la Revolución, sólo Marx le dio tal significado. Los oprimidos ya no debían simplemente derrocar al Antiguo Régimen para introducir un nuevo régimen brutal tan solo ligeramente diferente, sino que la Revolución haría las cosas tan grandiosas que no sería necesaria ninguna otra revolución. La prestidigi-

93

tación de Marx fue en realidad profundamente conservadora; una vez terminada la Revolución, no habría otra más. Incluso los monárquicos acérrimos se estremecieron ante tanta estasis.

Sin embargo, la combinación fue inmejorable para motivar a los activistas políticos: un esfuerzo total, y luego la libertad. Las presentaciones más realistas de la Revolución tendieron a suscitar menos dedicación y compromiso.

Pero la verdad permanece: hoy el marxismo está en bancarrota. En la izquierda, la fe ha desaparecido, la moral está baja y el activismo se halla paralizado. La izquierda necesita una nueva ideología que sustituya a su fallido y desacreditado marxismo. El agorismo, la forma más pura, consistente y revolucionaria de libertarismo es esa ideología suplantadora. El agorismo puede motivar y dirigir la lucha de la clase baja contra la clase superior y devolver a la izquierda a sus raíces históricas radicales, que son antiestatales, antiguerra, propropiedad y promercado.

Explicado por SEK3:

El agorismo y el marxismo coinciden en la siguiente premisa: la sociedad humana puede dividirse en al menos dos clases; una clase se caracteriza por su control del Estado y la sustracción de la riqueza generada por la otra clase. Además, los agoristas y los marxistas a menudo señalan a las mismas personas como miembros de la clase superior y de la clase inferior, coincidiendo especialmente en lo que cada uno considera los casos más flagrantes. Las diferencias surgen a medida que uno se mueve hacia la mitad de la pirámide social.

Los agoristas y marxistas perciben una lucha de clases que debe continuar hasta que se produzca un acontecimiento culminante que resuelva el conflicto. Ambos bandos perciben grupos selectos que liderarán a las víctimas contra sus opresores. Los marxistas definen a estos grupos con alta conciencia de clase como "vanguardias", y luego conciben grupos aún más conscientes denominados «élites de la vanguardia». Los agoristas también perciben un amplio espectro de conciencia entre las víctimas y, asimismo, conciben a los grupos más conscientes como los primeros reclutas del cuadro revolucionario. Con la excepción de lo que respecta a los "intelectuales", los marxistas y los agoristas discrepan marcadamente sobre cuáles son los elementos más progresistas.

PRECURSORES DE LA TEORÍA DE CLASES MARXISTA

Aunque los académicos de hoy atribuyen en gran medida la doctrina del conflicto de clases a Marx y Engels, el historiador Ralph Raico ha propuesto durante muchos años la teoría liberal clásica de la explotación del siglo XIX de Comte y Dunoyer como un precursor muy superior y más correcto del modelo de clases marxista. Sin embargo, Konkin elabora su examen de la teoría de clases fijándose en un pasado mucho más remoto que los analizados por Comte-Dunoyer o Marx. Escribía:

> Roma tenía tres clases de ciudadanos y una cuarta clase formada por extranjeros, según sus códigos legales. La Europa medieval continuó construyó sobre los mismos conceptos, y gran parte del resto del mundo desarrolló sus versiones. La clase alta era la nobleza, es decir, la realeza y la aristocracia, que controlaba la tierra y dirigía sus recursos. La clase baja eran aquellos que trabajaban esa tierra, campesinos, siervos, villanos, etc. La mayoría de las personas encajaban en la clase baja, pero aquellos que no encajaban en ninguna de las dos eran, al menos en número, tan numerosos como la clase alta. Muchos eran comerciantes, y a medida que convertían las aldeas en pueblos y luego en ciudades grandes y poderosas, se les dio el nombre de *clase media*, o términos que significaban "habitante de la ciudad": burgués, burguesía, etc.

Ahí es donde entran Comte, Dunoyer y el resto de la "escuela francesa". Pero llegaremos a la teoría de clases libertaria (y agorista) más adelante.

Primero... Karl Marx.

CLASES MARXISTAS

Marx reconoció que la estructura de clases milenaria de Europa estaba cambiando drástica y notablemente, y que se vivía en una época revolucionaria. Como explicó SEK3:

> El viejo orden estaba dando paso a uno nuevo. La aristocracia estaba a punto de desaparecer, ya fuera porque sería liquidada (como en Francia y Estados Unidos) o porque terminaría teniendo un estatus vestigial, mantenido con fines ceremoniales por una burguesía sentimental (y las clases bajas), como en Inglaterra. La burguesía estaba en ascenso en la primera mitad del siglo XIX, los años de formación y más activos de Marx.
>
> Los acontecimientos futuros podrían explicarse, y fueron explicados, por esta teoría de la lucha de clases: la rebelión europea de 1848 arrasó con gran parte del poder aristocrático restaurado tras la derrota de Napoleón; la Guerra Civil estadounidense fue la forma que tuvo la burguesía del Norte de aplastar el resto de la aristocracia terrateniente preservada por el Sur.
>
> Si bien hasta ahora este fenómeno fue ampliamente reconocido (aunque se aplicó mal a la guerra franco-prusiana de 1870-1871), Marx estaba tan interesado en la transformación de la clase baja como en la de la clase alta. Se desligó a los campesinos de sus granjas y a los siervos se les dio la libertad de ir a las ciudades para convertirse en trabajadores industriales. Y aquí estaba el foco de la intuición de Marx.

Primero, basándose en la Teoría del valor-trabajo de Adam Smith, Marx veía a los trabajadores en evolución como la única clase productiva real. Vio cómo la burguesía evolucionaba hacia un grupo aristocrático más pequeño que poseía la propiedad de los nuevos medios de producción: fábricas, líneas de montaje, sistemas de distribución/transporte, etc. El mundo, decía Marx, se estaba dividiendo claramente entre un sector no productivo (la antigua burguesía, ahora capitalistas) y una clase productiva capacitada en el uso de bienes de capital, pero sin poder posserlos (el proletariado). El capital controlaría al Estado. Para Marx, este era el mundo del futuro, tal y como se reflejaba, a sus ojos, en su presente.

La segunda idea de Marx se basaba en el materialismo dialéctico de Hegel. La Historia como un choque continuo de ideas: la tesis existía, la antítesis surge en oposición, y el choque crea una síntesis (una nueva tesis).

Escribía SEK3: "Por eso las consignas marxistas siempre llaman a la 'lucha'. ¡Es todo lo que su teoría les permite hacer!".

Entonces, así como la burguesía derrocó a la aristocracia para crear el capitalismo (la síntesis), Marx declaró que el nuevo proletariado derrocaría al capital y se sintetizaría en… bueno, nada. La victoria del proletariado, predijo Marx, acabaría con las clases y el conflicto de clases. Por supuesto, el proletariado (o, más bien, su élite de vanguardia) controlaría al Estado temporalmente. Pero una vez que las clases desaparecieran y no hubiera conflicto de clases que reprimir, el Estado "se extinguiría".

LA CRÍTICA AGORISTA DE LA TEORÍA DE CLASES MARXISTA

La teoría de clases de Marx no supo entender que aquellos trabajadores clásicamente considerados "el proletariado" se tornarían obsoletos con el tiempo. En América del Norte, los trabajadores sindicalizados están en declive, siendo absorbidos por nuevos emprendimientos (franquicias, contratación independiente y consultoría), la industria de servicios, la investigación y el desarrollo científicos, una mayor función gerencial, sin trabajo humano subyacente, para la explotación y la burocracia. Escribió SEK3:

> El problema empresarial es irresoluble para el marxismo porque Marx no reconoció las categorías económicas. Lo mejor que pueden hacer los marxistas es agruparlos con formas capitalistas nuevas, tal vez mutadas de las previas.
>
> Pero si han de encajar en el antiguo sistema de clases, son pequeñoburgueses, el mismo grupo que, supuestamente, se derrumbará hasta su conversión al proletariado, o que ascenderá a la categoría de capitalista monopolista. Las pequeñas empresas no deberían crecer en las "etapas avanzadas y decadentes del capitalismo".

El marxismo tampoco se ocupa de la persistente Contraeconomía (es decir, un mercado negro pacífico o una economía sumergida). Existe un espectro de la Contraeconomía que

101

"contamina" a los trabajadores, empresarios e incluso a los capitalistas. Konkin dijo:

> Los científicos, los gerentes e incluso los funcionarios públicos no se limitan a aceptar sobornos y favores, sino que buscan activamente un segundo empleo no declarado en el "mercado negro". Y cuanto más "socialista" es el Estado, mayor es el componente nalevo, el "trabajo negro" o "clandestino" de la economía... [Esto] pone a Marx "de cabeza": el "capitalismo avanzado" está generando una libre empresa descontrolada (del tipo pasado de moda) como reacción; cuanto más decadente (estatista) es el capitalismo, más virulenta es la reacción y mayor es la Contraeconomía.

Pero aún peor es la clase de los contraeconomistas. Es decir, según la estructura de clases marxista, los traficantes del mercado negro no pueden ser una clase: trabajadores, capitalistas y empresarios en connivencia activa contra un enemigo común: el Estado. Es cierto que muchos no se perciben a sí mismos como parte de una clase común, y algunos incluso intentan negarse a sí mismos sus actividades "negras", gracias a la inducción de culpa religiosa y social. Y, sin embargo, cuando los agentes del Estado parecen hacer cumplir las "leyes" de la élite del poder, los contraeconomistas, desde el hombre de negocios evasor de impuestos hasta el hippie traficante de drogas, pasando por el extranjero ilegal y la partera feminista, están dispuestos a enviarse señales mutuas con el mensaje universal: "¡Cuidado, los *fuzz*/*pigs*/*flics*/federales/etc.!".

Incluso en casos extremos, los puntos en común entre contraeconomistas han generado un determinismo económico tan fuerte como cualquiera que Marx hubiera considerado en su idea de "unidad de clase". Pero esto no es lo peor. Esta unidad de clase no es la de una clase obrera (aunque los trabajadores estén muy involucrados), ni la de una clase capitalista (aunque los capitalistas estén involucrados), y ni siquiera la de una clase dominante: esta clase se basa en la comunidad de riesgos, que surge de una fuente común (el Estado).

Y el riesgo no es proletario (ni particularmente capitalista); es puramente empresarial.

Una vez más, para dejarlo claro: si el "empresario" es arrojado a la clase capitalista, entonces el marxista debe enfrentar la contradicción de los "capitalistas" en guerra con el Estado controlado por los capitalistas.

A estas alturas, el análisis de clases de Marx está hecho trizas. Es evidente que la opresión existe, pero se necesita otro modelo para explicar cómo funciona.

ANÁLISIS DE CLASES LIBERTARIO

El análisis de clases de Marx, con su problema recurrente en relación a la naturaleza interclasista de estatistas y antiestatistas, está hecho jirones. Es evidente que la opresión existe, pero se necesita otro modelo de clases para explicar cómo funciona.

El modelo de clases libertario, propuesto por Murray N. Rothbard, se basa en la relación del individuo con el Estado, que surge del paradigma de la evolución del Estado que explorara Franz Oppenheimer. El recorrido de la Historia, parafraseando a Oppenheimer, fue el largo relato de la clase parasitaria transformándose continuamente a través de nuevas religiones e ideologías para justificar su existencia y engañar repetidamente a la clase productiva para que se pusiera su servicio. Como explicó SEK3:

> Hoy, el Estado utiliza la democracia (participación de las víctimas en su propio saqueo), el liberalismo (atar al Estado para hacerlo más tolerable), el conservadurismo (liberar al Estado de los "enemigos": comunistas o capitalistas, pervertidos o heterosexuales, herejes o creyentes ortodoxos, opción 1 u opción 2), y otras panaceas, aceites de serpiente o anticonceptos para engañar a sus víctimas con el fin de que acepten el saqueo continuo (impuestos), el asesinato (guerra y ejecución) y la esclavitud (reclutamiento e impuestos nuevamente).

El socialismo, incluidas sus variantes marxistas, es sólo otro dogma utilizado para justificar la existencia del Estado, y es uno de los más atractivos.

Casi todos los libertarios aceptan que el Estado divide a la sociedad en dos clases: los que ganan con la existencia del Estado y los que pierden. La mayoría de los libertarios también están de acuerdo en que la sociedad estaría mejor si el Estado fuera eliminado o, al menos, reducido significativamente. Pero a pesar de los esfuerzos del difunto Rothbard y de otros por elevar la conciencia de clase libertaria, la mayoría de los libertarios estadounidenses parecen encontrar la discusión sobre la teoría de clases ofensiva, "descortés" y "escasamente respetable".

Los chiflados y los comunistas hablan de clases dominantes y estructuras de clases. Sin embargo, han continuado los esfuerzos por expandir la teoría de clases libertaria hasta convertirla en un modelo integral.

ANÁLISIS DE LA CLASE LIBERTARIA RADICAL

El propio Murray Rothbard continuó ampliando la teoría de clases libertaria. Sus raíces en la Vieja Derecha [*Old Right*] le habían introducido en las teorías populistas de la "conspiración de los banqueros" y cosas similares. Otros puntos de vista sobre la cuestión de la clase vinieron de estatistas de izquierda y predecesores anarquistas. Lo que descubrió fue que los defensores de las clases dominantes, las élites del poder, las conspiraciones político-económicas y los círculos superiores apuntaban aproximadamente a la misma pandilla en la cima de la pirámide sociológica.

Rothbard introdujo el trabajo de tres analistas revisionistas de izquierda en la teoría de clases libertaria: Gabriel Kolko, Carl Oglesby y G. William Domhoff.

Kolko detalla cómo los "capitalistas" frustraron el mercado relativamente libre de finales del siglo XIX y conspiraron con el Estado para convertirse en "magnates cleptómanos" y monopolistas. La adopción por parte de Rothbard del punto de vista de Kolko rompió la alianza entre los libertarios radicales y los apologistas del conservadurismo del libre mercado.

Oglesby, expresidente de Estudiantes por una Sociedad Democrática [*Students for a Democratic Society*], fue coautor del libro *Containment and Change*, en 1967, que abogaba por una alianza entre la Nueva Izquierda y la Vieja Derecha libertaria y no intervencionista para oponerse a la política exterior imperialista de Estados Unidos. En *The Yankee and Cowboy War* (1976), Oglesby vinculó las actuales teorías de conspiración magnicida para ofrecer la idea de una división en la clase dominante. Importante tanto para Rothbard como para Oglesby fue la división dentro de los Círculos Superiores; el conflicto interno entre quienes controlan el Estado se manifiesta en campañas electorales políticas, corrupción y trampas (Watergate), asesinatos y, finalmente, guerra abierta. Escribió SEK3: "La conciencia de clase de los superestatistas, aunque alta, no incluye la solidaridad de clase".

¿Qué eran los "Círculos Superiores"? El término surgió de Domhoff, un profesor investigador de psicología, quien los describió como una sutil aristocracia con hábitos de apareamiento y características de asociación similares, previamente vistos en otros poseedores del poder y los privilegios del Estado. El descubrimiento y la difusión del trabajo de Domhoff por parte de Rothbard proporcionaron una base sólida para su análisis de la Élite del Poder.

En casi todas las teorías sobre la clase dominante, la cima de la pirámide estatista estaba ocupada por la interconexión entre los directivos de las grandes finanzas estadounidenses e internacionales de David Rockefeller, y el grupo de intelectuales de la Corte y sus aliados corporativos, que se encontraban en el Consejo de Relaciones Exteriores, la Comisión Trilateral y grupos menos conocidos. Una vez que se identificaba un grupo gobernante, se podía examinar más a fondo su naturaleza y observar e incluso predecir sus acciones.

Dos muros formidables han impedido incluso a los libertarios radicales ofrecer un modelo de clase integral para competir con alternativas marxistas esencialmente muertas. El primer muro se debe a un verdadero "retraso cultural", sobre todo en Estados Unidos, donde hablar de clases se percibe como

108

"ofensivo" y "descortés". Como señaló SEK3: "Sólo los chiflados de derecha y los comunistas hablan de clases dominantes y estructuras de clases".

El segundo obstáculo es simplemente la limitación de la teoría libertaria. Con la excepción de los agoristas, incluso la mayoría de los libertarios radicales ven una solución política al estatismo. Escribió Konkin:

> Al construir coaliciones políticas para hacerse con la cúspide del control estatal, vale la pena no mirar demasiado de cerca los intereses de clase de quienes los respaldan y de sus aliados temporales.
>
> Esta limitación se puede entender de otra manera. Cuando los ideólogos libertarios atacan a los supuestos libertarios por no liberarse de las instituciones estatales, de los subsidios estatales o de los empleos estatales, los segundos responden: *tu quoque*. Es decir, ¿cómo pueden los libertarios "puristas" disfrutar de los supuestos beneficios de las carreteras estatales, del envío postal monopolizado e incluso de las aceras municipales y luego acusar a quienes llevan una etiqueta libertaria de venderse al ser elegidos para un cargo público, aceptando salarios recaudados con impuestos y ejerciendo poder político real, en su camino de "extinguir", sin duda, el Estado?

Los agoristas no han tenido tal problema con dicha distinción, ni encuentran ninguna disyunción entre medios y fines. Además, las premisas simples de la teoría agorista de clases conducen rápidamente a juicios agudos sobre la naturaleza moral (en la teoría libertaria) y la naturaleza práctica de la acción humana de cualquier individuo. Es decir: los agoristas tienen una teoría de clases integral lista para suplantar el paradigma marxista que también evita los defectos de la teoría semilibertaria y poco entusiasta y sus consiguientes compromisos. Como era de esperar, comienza esta con la Contraeconomía.

TEORÍA DE CLASES AGORISTA

Murray Rothbard tomó la distinción de Franz Oppenheimer entre los medios políticos para obtener riqueza (el robo del Estado) y los medios económicos (producción), y luego lo resumió en la idea de "Poder versus Mercado" (en su libro *Poder y Mercado*). Desafortunadamente, la mayoría de los libertarios no han aplicado el concepto de Rothbard completamente. Konkin explicó:

> Dado que muchos libertarios llegaron a la anarquía desde la posición liberal clásica del gobierno limitado, conservan una especie de idea de lucha triple: el Estado en un vértice, los criminales "reales" en otro, y la inocente sociedad en un tercero. Aquellos que cometen delitos sin víctimas, desde el punto de vista minarquista, a menudo pueden ser incluidos en la clase criminal no por su acto (sin víctimas), sino por evitar el juicio del Estado y permanecer pese a todo en libertad. Una vez más, debemos decir que algunos anarquistas todavía tienen pendiente liberarse por completo de esta resaca estatista liberal.
>
> Recuerda: los estatistas liberales quieren restringir al Estado para que aumente la producción del huésped y así maximizar el eventual parasitismo. Ellos "controlan sus apetitos", pero continúan con el sistema basado en el saqueo. El reciente ejemplo político de la economía "del lado de la oferta" ilustra claramente la naturaleza estatista básica de tales ideas: la tasa impositiva se reduce para fomentar una mayor producción

111

económica y, en consecuencia, una mayor recaudación total de impuestos en el largo plazo.

Del mismo modo, los conservadores de "libre empresa" y los minarquistas "libertarios" exigen la conservación del Estado, por restringido que sea. Son enemigos de los agoristas, del libre mercado y de la libertad total. Caen en el lado estatista de la división de clases. "La retórica libertaria que ofrecen", escribió Konkin, "puede ser 'convertida' o mantenida, dependiendo del contexto, para ganarse a conversos potenciales confusos y marginales, pero no ofrecen ninguna sustancia material para la libertad. Es decir, ellos son objetivamente estatistas".

¿Qué queremos decir cuando llamamos "objetivamente estatistas" a una persona o grupo? Para los agoristas, el término se utiliza para aquellos que emulan al Estado asesinando, robando, defraudando, violando y agrediendo. "Es mejor considerar a estos 'comerciantes rojos' (que comercian con sangre, no con oro o bienes comerciales)", explicó SEK3, "como facciones degeneradas de la clase dominante, en contienda con la policía estatal mientras los *Cowboys* luchan contra los *Yankees*, los Morgan luchan contra los Rothchild o los Rockefeller, y los estatistas soviéticos luchan contra los estatistas estadounidenses". Estos "comerciantes rojos", dicen los agoristas, son criminales.

Al mismo tiempo, todos los llamados (por el Estado) "criminales" (o actos criminales) que no implican un inicio de violencia o la amenaza de ella (coerción) son contraeconómicos. Como van en contra de los intereses (reales o percibidos) del Estado y suelen ser productivos, están prohibidos por este. Son, por tanto, objetivamente agoristas y, por tanto, objetivamente revolucionarios.

Escribió Konkin:

La teoría de clases agorista tiene lo mejor de ambas posiciones: una línea de clases marcada y un espectro graduado. Los individuos son complejos. Un individuo puede cometer algunos actos contraeconómicos y otros estatistas; no obstante, cada acto es necesariamente o contraeconómico o estatista. Las personas (y los grupos de personas) pueden clasificarse según un espectro dependiendo del predominio del agorismo sobre el estatismo. Sin embargo, en cada momento dado, uno puede ver una acción, juzgarla inmediatamente y tomar medidas concretas de contraataque o de apoyo, si así lo desea.

¿Qué pasa con la motivación, la conciencia de las acciones y sus consecuencias, y con los acuerdos? Son irrelevantes; los agoristas juzgan a uno únicamente por los actos. Y uno es responsable de restaurar completamente a sus víctimas al estado anterior a la agresión en cualquier situación (véase *Manifiesto neolibertario*, capítulo 2). Konkin explica:

Los patrones regulares y repetidos de agresión nos convierten en criminales habituales, en estatistas (o "estatistas puros"). Estas personas no ganan riquezas ni tienen propiedades. Su botín se entrega a los agoristas revolucionarios en tanto son agentes de las víctimas. La subclase estatista pura incluye a todos los políticos funcionarios, policías, militares, funcionarios públicos, beneficiarios de subvenciones y receptores de subvenciones. Hay una subclase especial de estatistas puros que no sólo acepta el saqueo y lo hace cumplir o mantiene la maquinaria del Estado, sino que realmente dirige y controla esta última.

En los países "socialistas", estos son los principales funcionarios del partido político gobernante, que generalmente (aunque no siempre) tienen altos cargos gubernamentales. En los países "capitalistas", estos superestatistas rara vez aparecen en

113

puestos gubernamentales, prefiriendo controlar directamente la riqueza de sus corporaciones interconectadas con el Estado, siendo generalmente altos cargos bancarios, monopolistas energéticos y proveedores del ejército. Aquí encontramos a la élite del poder, los círculos superiores, el gobierno invisible, la clase dominante y la conspiración interna que otros grupos ideológicos han detectado e identificado.

"En el otro extremo del espectro [de los estatistas] se encuentran los contraeconomistas a tiempo completo", explicó SEK3. "Rechazan las ofertas del gobierno y desconocen las regulaciones estatales. Si declaran un ingreso, es una pequeña proporción de lo que realmente ganan; si presentan un informe, es muy engañoso, pero plausible. Sus ocupaciones satisfacen una demanda que el Estado se esfuerza por suprimir o exterminar. No sólo actúan libremente, sino a menudo heroicamente".

Así como los superestatistas entienden el funcionamiento del Estado y lo utilizan conscientemente, existen quienes, en el extremo contraeconómico del espectro, entienden la moralidad y consistencia libertaria pura de sus actos; estos son los agoristas. "En contra de la élite del poder está la élite antipoder: el Cuadro Agorista Revolucionario (o Nueva Alianza Libertaria)", escribió Konkin.

Pero, ¿qué pasa con la "clase media" del espectro? ¿Qué pasa con quienes mezclan la comisión de algunos actos contraeconómicos (puntos negros) con algunos actos estatistas (puntos blancos), teniendo al final vidas, podemos resumir, en gris? Konkin describió a la clase media de esta manera:

> Para los estatistas, ellos son las víctimas, los rebaños de ganado que hay que sacrificar y las ovejas que hay que esquilar. Para los agoristas, son el mercado externo, agentes de comercio que reciben todo, excepto la confianza.

Y algún día tomarán el control de sus vidas y se polarizarán en un sentido u otro, o no lo harán y se estancarán en el pantano estatista, o quizás serán arrastrados por los vientos del cambio revolucionario.

Konkin ofreció un escenario, utilizando la teoría de clases agorista, para ilustrar la diferencia entre un libertario de gobierno limitado y un agorista:

Consideremos al individuo parado en la esquina de la calle. Puede ver dos lados del edificio detrás de él mientras se prepara para cruzar la calle. Lo saludan y se da la vuelta para ver a un conocido del club libertario local acercándose en una dirección. Este último aboga por "trabajar a través del sistema" y es un agente armado del gobierno. Caminando desde el otro lado del edificio hay otro conocido, de la misma edad, sexo, grado de cercanía, etc., que es un contraeconomista activo. También puede estar armado y, sin duda, porta el tipo de contrabando que podría hacer reaccionar al agente del Estado. Al verlo, el primer individuo lo saluda, y confirma de algún modo que efectivamente esconde algún producto ilegal, a punto de toparse con el "estatista libertario" de la esquina. Ambos están un poco distraídos, mirándote.

No es probable que esta situación ocurra con demasiada frecuencia, pero sí posible. Quizás eliminando esos "factores que complican la situación". Si no se actúa, el contraeconomista será tomado por sorpresa y arrestado o asesinado. Si se le advierte, es posible que, en el último momento, opte por defenderse antes de huir y así herir al agente. Eres consciente de esto y debes actuar ahora, o dejar de hacerlo.

El agorista puede esforzarse en disimular su advertencia para no verse involucrado en un fuego cruzado, pero actuará. El socialista tiene un problema si el agente estatal trabaja para un Estado socialista. Incluso el "libertario" tendría un problema. El agente estatal contribuye en gran medida al club o partido "libertario" local (por las razones que sean, este autor conoce a muchas de esas personas). El contraeconomista se niega a participar excepto socialmente en el grupo. ¿En beneficio de quién actuaría el "político libertario"?

Estas decisiones aumentarán en frecuencia cuando el Estado incremente la represión o los agoristas hagan crecer su resistencia. Es probable que ambas cosas se produzcan en un futuro próximo.

La teoría de clases agorista es, como vemos, bastante práctica.

SOLUCIONES AGORISTAS PARA LOS PROBLEMAS MARXISTAS

- **Problema marxista**: La clase revolucionaria parece trabajar en contra de sus propios intereses; el proletariado apoya a los políticos reaccionarios.
- **Solución agorista**: La clase contraeconómica no puede actuar en contra de sus intereses mientras actúe de forma contraeconómica. Quienes apoyan políticamente a los estatistas tienen sin duda problemas psicológicos, pero como clase, estos actos amortiguan marginalmente el debilitamiento del Estado. (Alguien que gana 60.000 dólares libres de impuestos y contribuye políticamente hasta 3.000 dólares es un revolucionario neto por varios miles de dólares, ¡varios cientos por ciento!).

* * *

- **Problema marxista**: Los Estados "revolucionarios" siguen "vendiéndose" a la reacción.
- **Solución agorista**: No existen tales estados. Se apoya la resistencia a todos los estados en todo momento.

* * *

- **Problema marxista**: Los partidos revolucionarios a menudo traicionan a la clase victimizada antes de tomar el poder.

117

— **Solución agorista**: No existen tales partidos. Se apoya la resistencia de todos los partidos en todo momento.

* * *

— **Problema marxista**: La acción reformista puede lograr poco alivio objetivo. (¡Los agoristas están de acuerdo!). Por lo tanto, uno debe esperar la revolución para destruir el sistema. Hasta entonces, las actividades revolucionarias son prematuras y "aventureras". Aun así, la clase productiva sigue siendo víctima hasta que alcanza la conciencia como un todo.

— **Solución agorista**: Cada individuo puede liberarse inmediatamente. Los incentivos para apoyar la acción colectiva están incorporados y crecen a medida que aumenta la contraeconomía consciente (ágora).

* * *

— **Problema marxista**: La línea de clase se desdibuja con el tiempo, contrariamente a lo previsto.

— **Solución agorista**: Las líneas de clase se agudizan con el tiempo, como se predijo.

APÉNDICE I

Cui Bono?
Introducción a la teoría de clases libertaria (1973)[1]

El libertarismo ha sido denunciado por William F. Buckley como "apriorismo extremo" (en referencia a Murray N. Rothbard en sus "Notas hacia una definición empírica del conservadurismo"). De hecho, los libertarios pueden aceptar voluntariamente la sustancia de la acusación, si no la implicación peyorativa de herejía. La premisa libertaria fundamental de la no agresión –de oposición inflexible a todas las formas de violencia iniciática y coerción sobre la vida y la propiedad–, le da al libertario que analiza su contexto social y busca formas de abordarlo una "navaja" lógica de excepcional agudeza. Con ello, puede eliminar la grasa de los argumentos especiales de diversas ideologías y conservar la carne magra de las contribuciones genuinas a su comprensión. Quizás ninguna otra ideología, ni siquiera el marxismo, tenga tal cualidad de integración general y autoconsistencia, como lo indica la sorprendente rapidez con la que esta nueva y compleja teoría se transmite a los nuevos libertarios.

---

[1] Este artículo apareció por primera vez en *New Libertarian Notes* #28, diciembre de 1973.

119

Lo que sigue es un excelente ejemplo del uso de la "Navaja de Rothbard" para sintetizar un enfoque y una comprensión en un área casi desprovista de fuentes libertarias.

El autor reconoce fácilmente que su única contribución original a este campo es la recopilación y organización de escritos dispersos absorbidos durante su maduración intelectual, que tuvo la suerte de coincidir con la del libertarismo. Sobre todo, se reconoce al Libertarian Forum, al Dr. Murray N. Rothbard y a los académicos que inspiró.

Análisis económico de la teoría de clases libertaria

El Dr. Rothbard ha notado la inspiración que obtuvo de John C. Calhoun al hablar de que el Estado (que reconocemos como el monopolio de la coerción legitimada) divide a los hombres en dos clases. El saqueo sistemático del público en general por parte del Estado, y la posterior distribución de esta riqueza, necesariamente distorsiona la asignación de propiedad que existiría en un mercado libre.

Los libertarios entienden por mercado libre uno en el que todos los bienes y servicios se intercambian voluntariamente. *Poder y mercado*, del Dr. Rothbard, proporciona un análisis de los intercambios involuntarios. Como mínimo, los recursos consumidos por los individuos que componen la burocracia del Estado constituyen una ganancia neta para quienes ejercen el poder (de lo contrario, no participarían en esa práctica), y constituyen una pérdida neta para sus víctimas incluso si los restos fueran distribuidos de la manera más equitativa posible. En la práctica, los estatistas y sus beneficiarios elegidos consumen mucho más y las víctimas lo pierden. Esta es la división fundamental observada por Calhoun y Rothbard: la separación de la sociedad en una clase explotadora, formada por aquellos que obtienen una ganancia neta por la existencia del Estado, y una clase explotada de aquellos que incurren en una pérdida neta por la existencia del Estado.

Inmediatamente, surge la acusación de que casi todos en la compleja economía mixta moderna obtienen ganancias y pérdidas de las acciones del Estado. La separación y la contabilidad son extraordinariamente difíciles. Los libertarios deben estar de acuerdo, pero responden que, en primer lugar, uno puede mejorar el carácter moral de su propia vida esforzándose por comprender sus fuentes de riqueza, maximizando las no coercitivas y minimizando las coercitivas, y, en segundo lugar, que es posible tratar con aquellos que disfrutan o sufren un desequilibrio extremo. Aquellos que obviamente están sufriendo una fuerte opresión merecen la atención prioritaria de los humanistas libertarios preocupados por ayudar y aliviar a las víctimas del Estado. Se puede sospechar, con razón, que aquellos que, de modo evidente, están ganando abrumadoramente por parte del Estado (la "clase dominante") dirigen la política estatal, se convierten en los objetivos prioritarios de aquellos activistas libertarios interesados en lograr una sociedad justa.

Análisis histórico de la teoría de clases libertaria

Aquí el Dr. Rothbard se ha basado en gran medida en los estudios del sociólogo alemán Franz Oppenheimer (*El Estado*) y de su discípulo estadounidense, Albert Jay Nock (*Nuestro enemigo, el Estado*). Oppenheimer distinguió dos medios para adquirir riqueza: los medios económicos y los medios políticos. Estos corresponden a la riqueza adquirida voluntariamente por el mercado (económicos) y a la riqueza adquirida coercitivamente por el poder (políticos).

Me ha gustado utilizar el siguiente paradigma para resumir la tesis de Oppenheimer. Los agricultores y agoristas pacíficos (ágora = mercado abierto) se dedican a la producción y al comercio, y tienen jueces, tal vez sacerdotes, y jefes que organizan la defensa contra tribus depredadoras y bandas errantes de ladrones. Estas bandas de salvajes asaltan dichas comunidades productivas para su propio beneficio parasitario, se apoderan de toda la riqueza extraíble, incluidos los esclavos, y consumen la riqueza fija mediante el fuego, la violación y el asesinato. Incluso si tienen un éxito persistente, los líderes de estos asaltantes pronto se dan cuenta de que eventualmente se quedarán sin fuentes de riqueza. El primer paso hacia la civilización se da entonces dejando atrás suficiente riqueza y población para que puedan reconstruir, y así ser atacados nuevamente. Los parásitos dejan de ser fatales para sus huéspedes. Por supuesto, la amenaza de una incursión anual durante la cosecha, por ejemplo, es algo desalentadora para el incentivo de las víctimas productivas. Los bárbaros más ilustrados dan el siguiente paso: ocupar las comunidades agoristas, institucionalizar y regularizar el saqueo y la violación (por ejemplo, impuestos o derecho de permanencia). Estos gobernantes buscan contrarrestar el desaliento, el resentimiento y la rebelión aliándose (o comprando) a los sacerdotes para exaltar a la clase dominante y convencer a las víctimas de que en realidad se están beneficiando de la presencia de estos "protectores del orden". Más adelante en la Historia, esta función de crear una mística paralizante es asumida por los intelectuales de la corte a medida que la religión decae.

Los saqueadores también pueden surgir en el interior de la sociedad. Quizás los jefes de guerra y los sacerdotes nativos, al ver los ejemplos a su alrededor, convenzan a los lugareños de que ellos también necesitan una fuerza fuerte y permanente para defender a la comunidad contra la invasión por parte de Estados extranjeros. Fomentando una misma mística similar, los protectores se convierten en saqueadores y nace un nuevo Estado.

La teoría de Oppenheimer complementa perfectamente el análisis de Calhoun-Rothbard al explicar los orígenes de los Estados actuales. Para un estudio de los actuales Estados-nación modernos y el funcionamiento de sus estructuras de clases, recurrimos a los historiadores revisionistas.

Contribuciones revisionistas a la teoría de clases libertaria

La Primera Guerra Mundial rompió el cuerpo intelectual liberal y radical. Incluso los anarquistas estaban divididos sobre la cuestión de la guerra. El grupo de historiadores pacifistas comenzó a profundizar en los registros para demostrar lo correcto de su oposición, así como hacer ver a los partidarios más idealistas de la guerra cómo fueron engañados para servir a los "aprovechadores" plutocráticos de la guerra, sometidos a las argucias políticas y al imperialismo encubierto. La desilusión generalizada con el Tratado de Versalles contribuyó a apoyar las tesis de estos revisionistas y obtuvo la aceptación general de sus denuncias. Charles Beard, Harry Elmer Barnes, Sidney Fay, J. W. Pain y W. L. Langer en Estados Unidos; J. S. Ewart en Canadá; Morel, Beazley, Dickinson y Gooch en Inglaterra; Fabré-Luce, Renouvin y Demartial en Francia; Stieve, Montgelas, von Wegerer y Lutz en Alemania; y Barbagallo, Torre y Lumbroso en Italia: estos historiadores se volvieron bastante *chic*, especialmente cuando surgieron líderes en las potencias derrotadas para revisar los términos del Tratado, y "apaciguadores" en las potencias victoriosas para complacerlos.

La Segunda Guerra Mundial provocó una nueva división: Beard, Barnes, Charles C. Tansill en Estados Unidos, y F. J. P. Veale y A. J. P. Taylor permanecieron (o se convirtieron) en revisionistas de la Segunda Guerra, y otros se prostituyeron después de la nueva Guerra, antes de que esta diera por finalizadas todas las guerras. Esta vez, las potencias victoriosas lograron imponer a los revisionistas un "apagón histórico" a través de la amplia influencia de los intelectuales de la corte en un número creciente de universidades financiadas por el Estado y de revistas históricas. Los valientes disidentes fueron vilipendiados como simpatizantes nazis apenas disfrazados, aunque muchos tenían impecables credenciales liberales y socialdemócratas. El revisionismo del Frente Pacífico ha tenido algunas aportaciones exitosas, pero el revisionismo del Frente Europeo sigue siendo una actividad de mala reputación.

El revisionismo de la Guerra Fría se acepta algo menos que el de la Primera Guerra Mundial, pero más que la investigación y la exposición de la Segunda Guerra Mundial. Lo más alentador es que la Nueva Izquierda y los historiadores "marxistas desviacionistas", que se sintieron atraídos por el revisionismo debido a su antipatía hacia la guerra de Vietnam, han comenzado a mirar hacia atrás en busca de las raíces de la política exterior moderna.

En la izquierda, Weinstein y Gabriel Kolko han integrado la Historia Revisionista en política exterior con la investigación de la clase dominante interna. En la derecha, los Bircher se han vuelto cada vez menos histéricos en su "teoría de la conspiración", abandonando su teoría del diablo comunista internacional para exponer las maquinaciones de los plutócratas estadounidenses.

Los círculos superiores, de G. William Domhoff, comienza la síntesis de las diversas corrientes del revisionismo en una única y sobria tesis, añadiendo los estudios sociológicos de las investigaciones de C. Wright Mills sobre la "élite del poder". Domhoff, un izquierdista, dedica una sección de su libro a un teórico de la conspiración derechista previo, Dan Smoot, y encuentra gran parte agradable. Desde entonces, Smoot ha sido reemplazado por el *None Dare Call It Conspiracy* de Gary Allen.

Teoría de clases libertaria: aplicación a la política interna

Beard se remonta a la secesión estadounidense del Imperio Británico con su interpretación económica de la Constitución. Los libertarios tienden a comenzar con el período de relativo *laissez-faire* de finales del siglo XIX en Estados Unidos, explorado por Kolko en su magnífico *El triunfo del conservadurismo*. Kolko se desvía del marxismo ortodoxo al afirmar que los malvados capitalistas no establecieron su dominio debido a la inevitable concentración del poder económico bajo el capitalismo, sino que más bien conspiraron para obtener la ayuda del Estado, con el objetivo de destruir un mercado semilibre competitivo demasiado exitoso que amenazaba la estabilidad a largo plazo de sus beneficios.

Kolko señala de manera devastadora que las regulaciones masivas del transporte y la legislación antimonopolio defendidas por el movimiento progresista antimonopolista fueron apoyadas activamente por empresarios tan poderosos como Andrew Carnegie, Mellon, Morgan y Rockefeller. En 1905, se formó la Federación Cívica Nacional para combatir las tendencias "anarquistas" de la Asociación Nacional de Fabricantes, orientada al *laissez-faire* (en su mayoría pequeños empresarios con pocos intereses creados que deseaban crecer, no quedarse quietos). Se instó a los miembros del NCF a apoyar regulaciones y legislación laboral para integrar a la aristocracia laboral como socios menores de la nueva clase dominante emergente. A lo largo de los años, los Círculos Superiores desarrollaron el Consejo de Relaciones Exteriores para influir en la Política Exterior de EE.UU. (vinculada internacionalmente con grupos similares en Europa Occidental, a través de los "Bilderbergers") y en el Comité de Desarrollo Económico para la Política Interior de Estado de EE.UU.

Recientemente, Ralph Nader quedó asombrado al descubrir que la mayoría de los Consejos Reguladores están dirigidos por las mismas industrias que debían controlar. Sólo podemos empezar a imaginar lo que están haciendo los partidarios del CFR-CED con los controles de precios y salarios. La CLIC está formada por una representación igualitaria de las grandes empresas, los grandes sindicatos y el gobierno.

Sorpresa, sorpresa.

Teoría de clases libertaria: aplicación a la política exterior

La financiación de la Primera Guerra Mundial tiene algunas anécdotas increíbles asociadas. Por ejemplo, estaban los hermanos Warburg, uno de los cuales financiaba el esfuerzo bélico alemán y el otro el esfuerzo aliado. Había minas de bauxita en Francia que suministraban aluminio para los aviones de guerra alemanes, y las actividades de los "Mercaderes de la Muerte", fabricantes de municiones que venden a todos los bandos, serían cómicas si se pudieran disociar de los millones de muertes.

La teoría revisionista moderna comienza con los intentos del Banco de Inglaterra de restaurar el valor de la libra. La inflación masiva de la guerra hizo imposible restaurarlo a su valor en oro de antes de la guerra, y exigir las reparaciones de Alemania provocó una hiperinflación y un auge de desintegración que destrozó la economía alemana (y condujo al golpe de

Estado de 1923). Ashley Montagu, del Banco, se reunió con financieros estadounidenses en Georgia con el fin de depreciar la moneda estadounidense para mejorar la posición relativa de la libra. Los británicos ya estaban obligando a sus satélites de Europa del Este (creados entre la URSS y Alemania por ese pérfido Tratado) a seguir su política económica.

La inflación de la Junta de la Reserva Federal de los locos años veinte (un auge impulsado por esa misma expansión monetaria) condujo al *crash*, la depresión y a que los fascistas de la NRA y del IRS de Roosevelt asaltaran hogares para apoderarse del metal recientemente prohibido: el oro. Y, por supuesto, las autarquías fascistas europeas, arrancadas del control de los plutócratas mundiales, se involucraron en competencias de trueque con sus propios intereses en mente y provocaron la Segunda Guerra Mundial como represalia.

Esta vez el complejo militar-industrial estadounidense no fue desmantelado. (Véase *Revisionist Viewpoints*, de James J. Martin, para descubrir reimpreso un discurso realmente horripilante que se pronunció en 1940 defendiendo, precisamente, ello, y diciendo a los empresarios que siguieran "en ello" de cara al nuevo orden mundial que se avecinaba). Se necesitaba una nueva amenaza internacional a la paz, y menos de dos años después del fin de la Segunda Guerra que pondría fin a todas las guerras, Churchill anunció que "ha caído un Telón de Acero en toda Europa".

Se están realizando considerables investigaciones sobre los beneficiarios plutocráticos de la guerra de Vietnam, y mucho menos sobre aquellos que se beneficiaron del conflicto de Oriente Medio. Algunos libertarios ya han comenzado a proyectar los intereses de la élite del poder de la clase explotadora para predecir la próxima guerra.

Interpretaciones alternativas

Marx

Si bien el determinismo económico histórico marxista lleva a muchos académicos de ese campo a conclusiones similares a las de los libertarios, contiene varios defectos fatales, además del obvio de la incomprensión económica. La necesidad de una adhesión rígida a una interpretación de la lucha de clases basada en la posesión de riqueza más que en los medios de su adquisición y en la inevitable llegada de una revolución proletaria dirigida por trabajadores organizados, obliga al marxista a juzgar y racionalizar sus conclusiones para que encajen en los costes absolutos. Tal vez de manera igualmente devastadora, el marxismo sea ahora una "religión" que justifica la existencia de docenas de Estados en el mundo, y los marxistas están jugando a ser los nuevos intelectuales de la corte, reprimiendo a los revisionistas que emergen de entre ellos.

Consenso

La escuela del "consenso", el grupo dominante de historiadores de la corte en Occidente, niega la existencia de las clases. Si bien es posible que haya habido explotadores malvados en el pasado, fueron derrotados y llevados ante la justicia en la Era Progresista, con el New Deal, el Fair Deal, la Nueva Frontera y la Gran Sociedad, y lo que esté por venir. Nos queda asumir que todos estos plutócratas están recibiendo ganancias inesperadas debido al fracaso de los reformadores anteriores a la hora de detectar todas las lagunas e imperfecciones económicas del libre mercado.

Y si los plutócratas que más ganaron con la intervención del Estado apoyaron a Roosevelt, a Wilson, a Roosevelt, a

Truman, a Kennedy, a Johnson y a quien suceda a Nixon... debe haber muchos accidentes y coincidencias, además de la incapacidad de estas personas para percibir sus propios intereses reales, pero teniendo suerte de todos modos.

Rand

Nadie acusaría a Ayn Rand de ser una historiadora competente o líder de una escuela de historiografía. Desafortunadamente, transmite una interpretación implícita de la Historia que persiste en muchos de aquellos que abandonan el objetivismo por el libertarismo. En su opinión, similar a la escuela del Consenso, pero invertida en juicio moral, los capitalistas productivos pacíficos estaban comprometidos, en el siglo XIX, en hacer que todo estuviera bien. Entonces, llegaron los colectivistas progresistas, ebrios de estatismo y drogados de altruismo, para arrasar con sus ganancias y poner sus manos húmedas sobre sus actividades (estrictamente entre adultos que consienten). Habiendo absorbido demasiado colectivismo altruista, los capitalistas abandonaron la batalla intelectual por su libertad y trataron de adaptarse pragmáticamente al nuevo sistema, lo que los llevó a apoyar a matones pragmáticos como los "fontaneros" de Nixon.

Si bien ciertamente no estaría en desacuerdo con la necesidad de enderezar filosófica y éticamente a muchos empresarios, el hecho de que Rand ignore a los poderosos con intereses creados en el Estado deja al objetivista con las tácticas de debates de salón y los panfletos como única defensa contra las armas y las prisiones de los estatistas. ¡Qué frustración debe sentir el objetivista al escuchar que Richard Nixon ha leído *La rebelión de Atlas* y todavía no ha visto la luz! Si tan solo David Rockefeller lo escuchara por un minuto...

Valor de la teoría de clases libertaria

En este artículo ya se han sugerido varias buenas razones para el estudio y aplicación de la teoría de clases libertaria. Comprender la naturaleza del enemigo nunca está de más al tratar con él. Revertir el rango de intereses creados en un tema para exponer a los gusanos plutocráticos que se arrastran desde abajo puede aumentar la presión pública para obligar a la élite del poder a acomodarse a la disidencia y abandonar actividades insostenibles.

Convencer a los nuevos izquierdistas y abigarradores de que, efectivamente, eres consciente del problema y que puedes explicar la clase dominante/la conspiración aún mejor debería ayudar en tu reclutamiento. Señalar a los intelectuales de la corte como herramientas de los intereses que, se suponía, debían abandonar en su supuesta búsqueda de la Verdad y la Ilustración, podría sacudir a algunas academias y comprometer la credibilidad de estos modernos médicos-brujos que imparten su sofisticado vudú.

Murray Rothbard insta al activista libertario a arder con pasión por la justicia. Si esta es nuestra búsqueda, entonces la teoría de clases libertaria es indispensable por su capacidad de descubrir a aquellos que nos han infligido el estatismo y cuyas manos empapadas de sangre se están embolsando el botín.

Se necesita una justicia antigua para una nueva libertad.

APÉNDICE II
RÉPLICA A ROTHBARD[1]

El vigoroso ataque de Murray N. Rothbard es refrescante; no estoy seguro de que ni siquiera yo me hubiera tomado en serio mi primer gran intento teórico si no hubiera evocado al Dr. Rothbard en su mordaz máxima expresión. Después de todo, Rothbard y su visión neorromántica de las Ideas, pensando en superhéroes y villanos enfrentados, inspiraron y mantuvieron a muchos, si no a la mayoría, de nosotros, los activistas libertarios; y, con toda seguridad, a mí mismo.

Habiéndosele ofrecido un campo de honor, Rothbard arroja el guante rápidamente: "Creo que el agorismo de Konkin es un fracaso total". A partir de ahí, estocada, parada y tajo.

En buena forma, Rothbard, por desgracia, está decididamente corto de armas dañinas. Su acusación de un defecto fatal –aparentemente *el* defecto fatal– del agorismo es tan irrelevante para la base del agorismo que apenas se menciona *de pasada* y en una nota a pie de página del *Manifiesto neolibertario* (véase nota a pie de página, p. 76).

Antes de descartarlo como una crítica al agorismo, permítanme señalar que aquí se justifica un verdadero debate

---

[1] Publicado originalmente como "Reply to Rothbard" en *Strategy of the New Libertarian Alliance*, n.º 1, 1981, pp. 11-19..

131

entre Rothbard (y muchos, muchos otros, sin duda) y yo (y bastantes otros) sobre la validez de contratarse a uno mismo. Su necesidad está en entredicho (la cibernética y la robótica sustituyen cada vez más las actividades pesadas, incluida la gestión); su *psicología* está en entredicho (vender la propia actividad personal bajo la dirección y supervisión de otro fomenta la dependencia y las relaciones autoritarias); y su *rentabilidad* está en entredicho (sólo las habilidades más raras, como la actuación, el arte o la superciencia, se acercan a la recompensa de mercado, incluso en el caso de las empresas de bajo nivel).

Dicho esto, recordemos que este debate es irrelevante en el contexto de la validez del agorismo. Seguramente, tanto Rothbard como yo estaríamos de acuerdo en la conveniencia de aumentar el número de emprendedores en nuestra sociedad; seguramente ambos desearíamos más emprendedores del libertarismo. Rothbard simplemente "dejaría que sucediera" (*laisser passer*), decidiendo que son misteriosos los orígenes de dichos emprendedores. Mi propia experiencia es que los emprendedores se hacen, no nacen, y no con gran dificultad, por lo que "emprender (la producción de) emprendedores" es una actividad rentable.

Pero *ceteris paribus*, como dice el Maestro, y mantengamos constante el número de empresarios. ¿Cómo afecta eso al agorismo? Hace difícil convertir a los libertarios al empresarialismo contraeconómico, pero aún pueden (y deben) convertirse en capitalistas y trabajadores contraeconómicos, ¡incluso académicos! (¡George H. Smith ha abierto caminos convirtiéndose en gran medida en un filósofo contraeconómico!). Pero cuando estamos hablando de convertir a unos dos millones de libertarios (en la actualidad) a la contraeconomía, y a unos cuarenta millones de contraeconomistas (que ya han demostrado tener un fuerte componente empresarial) al libertarismo, la pérdida de unos pocos miles de empresarios adicionales parece menos que crucial. Además, existe cierto grado de solapamiento entre los libertarios y los contraeconomistas; diría que un alto grado en mis asociaciones.

Una vez más, sólo de pasada, mis propias observaciones son que la contratación independiente reduce los costes de transacción; de hecho, casi los elimina en relación con las relaciones jefe/trabajador, que van desde el trabajo ocasional con molestos papeleos y registros, hasta el asistencialismo a gran escala de los trabajadores de Krupp. Pero esta es una cuestión empírica que, como diría Mises, ni siquiera es para economistas, sino para historiadores de la economía. Es inexplicable que se cuestionen mis credenciales austriacas por una observación así, salvo como acto de intimidación verbal. *En garde,* pues.

Y puede que el beneficio histórico del trabajo asalariado haya sido tan grande como la invención del pañal, pero sin duda el entrenamiento para ir al baño (en este caso, la empresarialización) es un avance aún más significativo.

Una vez terminada la excursión secundaria, pasamos a la Contraeconomía, sin duda la base del agorismo y de la Nueva Estrategia Libertaria. Rothbard encuentra que el Movimiento Neolibertario descuida el "mercado blanco" –sin embargo, hay un punto crucial en el que definitivamente no se descuida, ni aquí ni en mis otros escritos de Contraeconomía. El imperativo agorista es *transformar* el Blanco en Negro. Nada podría ser más claro. Hacerlo es crear una sociedad libertaria. *¿Qué otra cosa puede significar una sociedad libertaria* en términos económicos sino eliminar el control del Estado sobre la actividad del mercado? La actividad del mercado que no está bajo el control del Estado es mercado negro. La actividad del mercado bajo el control del Estado es mercado blanco, y estamos en contra de él.

Por ejemplo, los esclavos que construyen pirámides son mercado blanco. Los esclavos que huyen, comercian con las piedras y herramientas que han robado, y se dedican a otras actividades no esclavistas, son mercado negro, y *libres* en esa medida. ¿Cuál debería ser el punto de vista libertario respecto a la construcción de pirámides en el mercado blanco? O, si pensamos que las pirámides no existirían en una sociedad libre, pero los acueductos sí, ¿cuál debería ser nuestra opinión sobre la construcción de acueductos en el mercado blanco *frente al* contrabando de agua en el mercado negro? Los Nuevos Libertarios instan a los esclavos a que manden a la mierda el acueducto y vayan a llenar sus cubos privados hasta que se puedan construir acueductos bajo acuerdos voluntarios. ¿Rothbard sugeriría otra cosa? ¿La eliminación gradual de la construcción de acueductos y, por tanto, la eliminación gradual de la esclavitud?

No se cuestionan las credenciales abolicionistas de Rothbard, aunque mi propio tratamiento de tales asuntos pueda impulsarme a lo contrario, Pero un hombre de negocios principalmente inocente que paga impuestos está esclavizado en esa medida, y seguramente su paso al mercado negro, esquivando o desafiando los impuestos (lo que funcione mejor), sea la emancipación *inmediata* de este esclavo. ¿Cómo puede Rothbard rechazar cualquier movimiento contraeconómico de un comerciante blanco que tenga menos del 100% de riesgo de aprehensión sin renunciar a su *buena fe* abolicionista?

La lista de Rothbard de servicios y bienes contraeconómicos es interesante en un aspecto: de "joyas, oro, drogas, chocolatinas, medias, etc.", sólo uno –las drogas– se menciona en el *Manifiesto*. Es cierto que *Contraeconomía* sólo se está publicando ahora capítulo por capítulo, pero aun así, los pocos ejemplos que daba eran cualquier cosa menos unas pocas industrias de servicios o bienes fáciles de ocultar. He aquí

una lista, extraída de la página 48, en las que se menciona-
ban: "desde la comida hasta la reparación de televisores";
un país entero, "Birmania, es casi un mercado negro total"
–esto incluye la industria pesada, aunque Birmania tiene una
industria pesada menos negra que la de la India–; la gran
mano de obra "negra" de Europa occidental; la vivienda en
los Países Bajos; la evasión fiscal en Dinamarca; la evasión
del control de divisas en Francia; los intercambios libres de
impuestos de la "economía sumergida" en EE.UU; "drogas,
incluido el laetrilo y material médico prohibido"; "prostitución, pornografía, contrabando, documentos de identidad
falsos, juego y conducta sexual prohibida entre adultos que
dan su consentimiento"; transporte por carretera; contrabando a todos los niveles; y despiste de los reguladores gubernamentales. Todos ellos no son negocios menores, sino,
conscientemente o no, ¡grandes negocios!

Los automóviles *se* fabrican de forma antieconómica. Permítanme contar las formas: transportándolos a través de las
fronteras y evadiendo impuestos o controles, ya sea físicamente o sobre el papel; mano de obra extranjera ilegal para
la producción en cadena; sustracción de piezas por parte de
la dirección, la mano de obra o incluso con conocimiento de
los propietarios, que luego se destinan a producir coches a
medida; ejecutivos de fábricas de automóviles contratados
como "consultores independientes"; diseño, investigación, in-
geniería, ejecutivos y "consultores" informáticos, todos ellos
pagados parcial o totalmente en condiciones antieconómicas;
"corrupción" sindical para llegar a acuerdos ventajosos que
eviten las normativas laborales (estatales); inspectores de la
OSHA y de otros organismos comprados o mal dirigidos;
productos "no vendidos" amortizados en inventarios e impuestos y luego vendidos... olvídalo, no puedo contar *todas
las* formas. Además de los automóviles, el acero y el cemento

tienen muy *mala reputación* en lo que se refiere a los delitos de "cuello blanco".

Pero aquí hay un problema de escala. Las grandes industrias cartelizadas pueden comprar políticos y obtener sus ventajas *directamente* del Estado. Es cierto que cualquiera que esté a punto de ser detenido por el Estado puede, debe y, de hecho, paga, soborna y aplica "grasa" a los ejecutores del mismo. Pero, ¿qué industria altamente competitiva, con un gran número de productores, puede comprar votos y políticos de forma efectiva y, por tanto, verse tentada a utilizar su influencia política de forma ofensiva? *La gran* industria, en el sentido cartelizado, no es un caldo de cultivo para el apoyo libertario, sino más bien para los intereses creados del Estado. Sin embargo, no hay por qué confundir gran escala de producción con características oligopolistas, como parece hacer aquí Rothbard.

Por último, para terminar, Rothbard me acusa de ignorar a la clase obrera. Teniendo en cuenta las veces que se le ha acusado de lo mismo, cabría esperar un poco más de perceptividad, si no de sensibilidad. ¿Qué son los fontaneros, los mecánicos, los carpinteros, los soldadores, los conductores, los trabajadores agrícolas, los pilotos, los actores, los contables, los ingenieros, los técnicos, los ayudantes de laboratorio, los programadores informáticos y los simples operadores de teclado, las enfermeras, las comadronas, los paramédicos y los ortomédicos, los vendedores, los relaciones públicas, los camareros, las escritoras, los trabajadores de fábrica, los abogados, los ejecutivos y todo tipo de reparadores sino trabajadores, que cubren todo el espectro del proletariado?

Todos los de esa lista son al menos un 20% antieconómicos y muchos superan el 50%. Si no dan el primer paso convirtiéndose en contratistas independientes hacia la libertad económica, entonces lo hace su empleador (propinas libres de impuestos para las camareras, trabajadores de fábricas extranjeros ilegales fuera de nómina, agentes que se encargan de ello para actores, escritores, etc.). Desafío al Dr. Rothbard a encontrar *cualquier campo económico legítimo* (que no esté al servicio del Estado) que no pueda ser contraeconomizado, diez que no puedan ser contraeconomizados sin innovación organizativa o tecnológica, o cien que no puedan ser contraeconomizados sin una ganancia significativa en eficiencia organizativa y beneficios. El "konkinismo" tiene mucho que decir a todos los que no son estatistas.

La afirmación de Rothbard de que la acción política es superior y preferible a la desobediencia civil en el aligeramiento del gravamen es una increíble distorsión de la Historia, viniendo de quien *me* convirtió al revisionismo. Nunca ha habido una sola derogación de impuestos o recorte significativo (salvo algunos menores en los últimos años, con fines de retoques keynesianos, y el "menos es más" lafferiano) que no fuera resultado de la negativa masiva a pagar o de la amenaza de tal desobediencia. Además, la acción política ha dado lugar a cambios en la base impositiva y a un mayor saqueo total, como la famosa y espectacular debacle de la Proposición 13 aquí en California.

El acuerdo de Rothbard con Pyro Egon es despreciado sin gracia por el Sr. Egon, que me informa de que lo que él considera mi "actinismo de tipo político" (NLA, MLL) no generará más empresarios, sino que los empresarios son de hecho "creables". Rothbard, en una correspondencia posterior, añadió que cree que los empresarios nacen y no se hacen, o al menos no se pueden hacer.

"Los empresarios de éxito no van a ser teóricos agoristas como el Sr. Konkin, sino empresarios de éxito y punto. ¿Qué necesitan de Konkin y su grupo?". ¿Qué tal: "Los empresarios de éxito no van a ser teóricos económicos como el Dr. Rothbard, sino empresarios de éxito y punto. ¿Qué necesitan del Dr. Rothbard?". O "los ingenieros de éxito no van a ser teóricos de la física como el Dr. Einstein, ." O "los escritores de éxito no van a ser profesores de inglés como el profesor Strunk...". ¿Necesito explicar la falacia de Rothbard?

La posición de Rothbard de separar a los libertarios de los empresarios me parece absolutamente monstruosa. "Libertario" no tiene nada que ver con lo que uno *dice* sino con lo que uno *hace*. Por lo tanto, un libertario debe ser más digno de confianza y tener una comprensión más racional del mercado o *no* será un libertario, independientemente de lo que seductoramente profese. Esta es la base de mi trabajo, por el que el Dr. Rothbard me elogia. Y, en general, encuentro la misma falta de lentes oscuras en él, me apresuro a añadir.

¿Y qué experiencia personal o estudio académico lleva a Rothbard a concluir que a los contraeconomistas preliberales les va bien sin agoristas "que los animen y los liberen de culpa"? Mi experiencia personal me lleva precisamente a la conclusión contraria, y tengo cheques cancelados de contribución y cartas de agradecimiento para demostrarlo.

En resumen, cualquiera que sea el planeta que el buen doctor está describiendo en contradistinción con mi Contraeconomía, seguro que no es la Tierra.

La afirmación de Rothbard de que la revolución violenta (¿qué otro tipo hay contra una clase dominante? ¿Por qué no cita un *establishment* que haya dimitido pacíficamente?) nunca ha tenido éxito en la historia Historsiona lenguaje o Historia.

O está diciendo que ninguna revolución ha sido lo suficientemente libertaria como para triunfar sin que sus contradicciones la derribaran (cierto, pero entonces es irrelevante traerlo como precedente), o está diciendo que ningún grupo derrocó a una clase dominante utilizando medios democráticos de opresión. Esto último no sólo es falso, sino que es una inversión directa de la Historia. Casi todas las revoluciones

138

que han tenido cierto éxito en la historia reciente han derrocado precisamente a la clase democrática: los revolucionarios americanos *contra* los imperialistas británicos democráticos; los revolucionarios jacobinos contra los burgueses *asamblearios*; los revolucionarios liberales contra la *Duma* del zar (marzo de 1917), y la revolución bolchevique contra los liberales y socialdemócratas (noviembre de 1917); la *Falange* contra la República española (1936); los descamisados de Perón contra el parlamento argentino; el Frente de Liberación Nacional de Vietnam *contra* el parlamento survietnamita (al menos hasta casi el final); el derrocamiento popular del régimen democráticamente elegido de Allende (con Pinochet cooptando la revolución para los militares); y el reciente derrocamiento del presidente democráticamente elegido pero derechista de El Salvador por una junta "popular" centrista. Esta lista no es exhaustiva. La afirmación de que la "revolución violenta" sólo ha tenido éxito en "países democráticos con elecciones libres" estaría más cerca de la realidad, y a menudo es utilizada por los latinoamericanos como justificación para los golpes preventivos.

Todos los grupos revolucionarios mencionados tienen sus credenciales abiertas al cuestionamiento libertario, sin duda, pero ¿quién no lo ha hecho hasta ahora? Para cerrar esta cuestión secundaria, o bien Rothbard está diciendo que todos los derrocamientos "violentos" de Estados no fueron revolución porque no eran libertarios (en cuyo caso, el caso libertario no está probado) o bien está históricamente equivocado.

Rothbard tiene el *chutzpah*[2] de exigir que se separe el libertarismo de los contraeconomistas porque estos últimos no lo necesitan, para luego darse la vuelta y preguntar por qué los contraeconomistas rusos no se han condensado en ágoras. La

---

[2] "Descaro" en hebreo (N. del T.).

139

acción humana es acción *voluntaria*; sin empresarios del libertarismo, no se venderá. Aun así, mi estimación de la escena soviética coincide con la de varios disidentes rusos de que Rusia es un polvorín a punto de estallar. La situación polaca, por supuesto, encaja perfectamente en el paradigma agorista, hasta el punto de que los trabajadores de la contraeconomía están siendo cooptados por el sindicato Solidaridad, afín al partido.

Así pues, Rothbard no logra presentar ningún argumento sustantivo contra la Contraeconomía y, por tanto, contra la estrategia agorista. Dispara a lo periférico y deforma el lenguaje o la Historia para defender sus argumentos. Aun así, nuestro desacuerdo *me parece* en gran medida un malentendido, y un malentendido de los hechos verificables, no de la teoría especulativa. No es de extrañar, ya que, por lo que sé, compartimos las mismas premisas y métodos analíticos. Teniendo en cuenta que yo adopté los míos de él, es aún menos sorprendente.

La crítica de Rothbard al Neolibertarismo parece basarse en ver las puntas de los icebergs y en descartar las vastas bases. Sólo ve el uno por ciento de la economía que se considera "mercado negro", y no el 20-40% de la economía que Hacienda considera "sumergida", y el doble *que* constituye toda la contraeconomía que Hacienda ignora como irrelevante para la tributación. Se necesita a un *libertario,* educado por Rothbard y otros, para percibir una característica común y sumar el todo anti-estatista.

Y lo mismo puede decirse de la opinión que Rothbard tiene de mis actividades y las de los cientos de otros Aliados Neolibertarios de todo el mundo. La pequeña pero justificada atención que prestamos a sus escasas desviaciones le parece prominente y comprensible. La cantidad algo mayor de críticas públicas que hacemos al Partido Libertario y otras actividades que le interesan más, ya sea en nuestras publicaciones o en foros públicos, son la mayor parte de lo que verdaderamente permanece con él. A las 10.000 personas que estimo conservadoramente que se han autodenominado libertarias tras un contacto primario o secundario conmigo y con mis aliados más duros, nunca las conoció y, por tanto, son invisibles. La red de empresas contraeconómicas que estamos alimentando con esmero y los millones de dólares que se han intercambiado de forma "invisible" también son, comprensiblemente, invisibles para él.

Por mi parte, no veo ninguna barrera real a la reconversión ("reagrupamiento", dirían los marxistas) entre Rothbard y su "centro anarquista cuerdo y sobrio" y nosotros, "desviacionistas de ultraizquierda". La crítica restante de Rothbard no es realmente tan relevante para el *Manifiesto* en sí, aunque constituye la mayor parte de su artículo. Sin embargo, en cierto modo es la crítica más elocuente que me hace personalmente, ya que vicia su elogio a mi capacidad de redacción, cuando es evidente que no he sabido comunicarme con eficacia. La mayoría de las críticas que me hace son interpretaciones erróneas de la última parte, y me limitaré a enumerarlas y a negarlas cuando sea urgente. Por supuesto, la cuestión del partido es un problema totalmente distinto.

El Neolibertarismo tiene una preferencia organizativa. Otras formas de organización podrían considerarse no-neolibertarias, pero no necesariamente "no-libertarias" o no-agoristas. Lo que la estrategia neolibertaria busca es optimizar la acción para conducir a una sociedad neolibertaria lo más rápida y limpiamente posible. Las actividades que conducen a la dependencia autoritaria y a la aceptación pasiva del Estado no son óptimas y están mal vistas; las acciones individualistas, emprendedoras y organizadas por el mercado se consideran óptimas.

Con esto siempre en la conciencia del lector (¡las páginas 61 y 62 del *Manifiesto* son un largo descargo de responsabilidad

141

sobre este mismo punto!), es obvio que no hay cuestiones morales (aparte de la autoestima individual) implicadas en la organización y la jerarquía. (Mi "agrupación de todas ellas", que Rothbard detesta, podría ser considerada por otros como integración de conceptos).

En ninguna parte me he opuesto a las sociedades anónimas (véase de nuevo la página 61, donde se afirman específicamente). *Después de* escribir el *Manifiesto neolibertario*, creé precisamente una para tener la revista *New Libertarian*. Supongo que ambos seguimos oponiéndonos a la perversión estatista de las sociedades anónimas en sociedades de responsabilidad limitada.

Nunca he sugerido "grupos de afinidad flotantes". Si el Dr. Rothbard creara una Alianza Libertaria general que no presentara candidatos ni se comprometiera con el estatismo, me haría socio inmediatamente y por cien años.

Veo *menos* problemas en la organización que Rothbard, y puedo ver fácilmente que algunas organizaciones no tienen ninguno.

Hay algo de ironía en la encendida defensa de Rothbard del "Kochtopus"[3] desde su propia defección, pero lo dejaré pasar. Tengo que mencionar su secesión y oposición al mismo porque eso, efectivamente, pone fin a mi principal objeción y lo encuentro relativamente inofensivo, y posiblemente necesitado de mi defensa en un futuro próximo a medida que el coro de la oposición aumente. En la medida en que mis

---

[3] Combinación de la palabra "octopus" (pulpo) y del apellido Koch. Referencia despectiva al imperio empresarial de los hermanos billonarios Charles y David Koch, dueños del conglomerado Koch Industries. Entre las muchas controversias que han acompañado a los Koch y su actividad empresarial, se hallan extensos debates entre los libertarios. SEK3 no vivió lo suficiente como para comprobar cómo, para un sector de la población, habría quienes asociarían los ideales libertarios a los de la pareja de industriales (N. del T.).

primeros ataques son responsables de la desmonopolización del Movimiento, estoy agradecido.

Que conste que mi objetivo al llamar tan espectacularmente la atención sobre el monocentrismo en torno al dinero de Koch era una advertencia. Demasiados neoliberales piensan que sólo recibir dinero del Estado conduce a la dependencia y al control. Es cierto que, en un sentido libertario, no *es inmoral* convertirse en el escritor de cabecera o en el activista faldero de un multimillonario, pero no sirve a la imagen *ni a la esencia* del movimiento y, por tanto, no es neolibertario. Sabía que el resto de la izquierda atacaría a los libertarios por ser una herramienta de los plutócratas (como acabó haciendo la publicación *Mother Jones*), y tomé medidas para mostrar la existencia de la diversidad y la independencia. A primera vista, diría que funcionó.

Estoy de acuerdo con toda la defensa que hace Rothbard de los libertarios millonarios y tengo unos cuantos (*no* multimillonarios, por cierto) aliados conmigo. Su solución para aumentar la competencia en el Movimiento es y fue mi solución. Sin embargo, dudo que hacer que Koch compita consigo mismo sea una respuesta viable; incluso Rothbard parece vacilar a la hora de sugerirlo.

Que yo sea "injusto con Charles Koch" requiere un poco de cuidado semántico. Nunca he insinuado que Charles Koch estuviera personalmente motivado para hacer nada. *Cualquiera* que hubiera lanzado millones al Movimiento con un poco de criterio al comprar instituciones habría producido los mismos resultados.

Me quedo con la palabra de Rothbard y LeFevre –que lo conocen personalmente– de que Koch es un gran tipo. Que se enriquezca y evada al Estado para siempre. (Pero que nunca compre a otro político). Y que contribuya hasta la saciedad a cualquier organización libertaria (salvo el Partido Libertario).

Vaya, ¡qué gran movimiento cuando un pobre activista como yo puede ser tan generoso con un multimillonario del petróleo!

Pero iré *más lejos* que Rothbard en mi voluntarioso reconocimiento de las características personales positivas del Kochtopus. Roy Childs puede ser malhumorado e implacable a veces, pero es una persona divertida, erudita y de gusto superior, no más desviacionista que el Dr. Rothbard. Jeff Riggenbach sigue siendo un amigo, asociado y a veces aliado, incluso trabajando a tiempo completo para Koch's *Libertarian Review*. Joan Kennedy Taylor, Victoria Vargas, Milton Mueller −¿a quién me he dejado fuera?−; no he tenido más que un trato agradable con todos ellos. Incluso Ed Crane (la *pesadilla* de Rothbard) se ríe a carcajadas con un apretón de manos y una ocurrencia rápida, y sirve a la Libertad como cree que es mejor para él y para el Movimiento.

Que ninguno de nosotros caiga nunca en el *ad hominem*.

Por último, el Partido Libertario. Rothbard dice que "asumirá por el momento que un partido político libertario... *no es* malo *per se*". Me pregunto cuán abierto estaría a asumir que el Estado no es malo *per se* y luego continuar la discusión de alguna legislación, a ver adónde lo lleva. Parece que arrastra a la maravilla de la derogación de leyes.

Ahora la perspicacia histórica de Rothbard parece haberle fallado de nuevo. ¿Desde cuándo el Estado deroga algo, desde las Leyes del Maíz hasta el impuesto sobre la propiedad suburbana, *a menos que tenga autoridad para mantener esa ley?* Primero viene la burla contraeconómica, luego la desobediencia civil masiva, luego la amenaza de insurrección, y sólo *después la* derogación. No, no estoy de acuerdo con LeFevre en que sea *inmoral* derogar el servicio militar obligatorio (suponiendo que LeFevre dijera precisamente eso), pero es inmoral apoyar a los políticos para que nos opriman porque podrían aliviar una opresión. Por todo el dinero, el tiempo y la energía que hay que dedicar a elegir a un político bueno en uno o unos pocos asuntos, ¿cuántos podrían liberarse directamente y reducir su riesgo de aprehensión al evadir impuestos, eludir el servicio militar obligatorio, eludir la regulación, etc.? Tampoco es necesario exhortar a los evasores a que contribuyan a una causa noble, sino simplemente ofrecérselo y ver cómo lo hacen. . . . *liberándose a sí mismos,* no siendo liberados por otra persona.

Los votos *son* los "beneficios" de un partido político. Un partido es un órgano del Estado cuya finalidad manifiesta es competir por el control del Estado, y cuya finalidad encubierta es cooptar el apoyo-sanción de la víctima. El número de votos dicta el número de funcionarios elegidos con éxito y su cuota de poder y saqueo y el número de los que siguen aceptando la legitimidad y posible utilidad del Estado. Crane y la campaña de Clark sólo actuaban de acuerdo con su naturaleza *qua partyarch.* Como podría haber dicho Frank Chodorov: "La forma de deshacerse de los vendidos en los puestos del Partido Libertario es deshacerse de los puestos del Partido Libertario".

Retomemos los partidos políticos que Rothbard considera admirables. Está claro que los demócratas no eran tan adorables en *Concebidos en Libertad* cuando, como republicanos de Jefferson, combatieron a los antifederalistas y cooptaron la oposición a la Constitución. ¿Acaso Jackson, el agente de la derrota de la Nulificación; Van Buren, el arquetipo de la política mandona; Polk, el imperialista antimexicano; o Pierce y Buchanan, los defensores de la esclavitud, redimieron este mancillado comienzo?

Y los liberales británicos fueron condenados por Rothbard por llevar a los defensores de la libertad a defender el Imperio y la Guerra Mundial. Tampoco los minarquistas moderados –por no hablar de los muchos anarquistas, incluso entonces– tenían ningún valor para los demócratas o los izquierdistas. Esos reformistas minarquistas estaban entonces en el Free Soil

145

Party en EE.UU. y en el Philosophic Radical Party en Gran Bretaña, respectivamente.

Sería una torpeza por mi parte recordarle al Dr. Rothbard quién inventó el Radical Caucus y luego lo desechó cuando no sirvió más que para fines "objetivamente contrarrevolucionarios", así que pasaré de esta sección.

"Un Partido Libertario militante y abolicionista en el Congreso" plantea la pregunta: ¿cómo ha llegado hasta ahí? ¿Cómo podría llegar ahí? (El escenario de George Smith parece mucho más plausible. De hecho, el Partido Libertario estará en el poder durante las etapas finales de la revolución agorista para despistar a nuestros aliados marginales y atrapar a los incautos con la jerga "libertaria". El Partido Libertario estará en el poder tan pronto como los Círculos Superiores lo necesiten allí. No me cabe duda de que el Dr. Rothbard será el primero en darse cuenta y denunciar la colaboración.

¿Se imaginan a los esclavos de una plantación sentados votando a los amos y gastando su energía en campañas y candidatos cuando podrían dirigirse al "ferrocarril subterráneo"? Seguramente elegirían la alternativa contraeconómica; seguramente el Dr. Rothbard les instaría a hacerlo y a no dejarse seducir para permanecer en la plantación hasta que salga elegido el Partido de los Amos Esclavistas Abolicionistas.

El hecho de que Rothbard me caracterice como un "destructor" me resulta verdaderamente sorprendente, teniendo en cuenta todas las organizaciones y publicaciones libertarias que he creado y apoyado –más que nadie, excepto el propio Dr. Rothbard–, desde Wisconsin hasta Nueva York y California, y en casi todos los estados, provincias y países de este planeta. ¿Se supone que debo enumerar todos los grupos libertarios que *no* han sido objeto de ataques morales por mi parte? ¿Qué tal todos los clubes libertarios de Los Ángeles y Nueva York? La Society for Individual Liberty, la Society for

146

Libertarian Life, las antiguas California Libertarian Alliance y Texas Libertarian Alliance, la British Libertarian Alliance, la conferencia anual Future of Freedom, la Southern Libertarian Conference. Esto es ridículo. Sí, dejé de golpear a mi esposa, aunque no esté casado.

Lo único que he destrozado es a los destrozadores de nuestro otrora movimiento sin partido, la defensa de la partidocracia y el compromiso del libertarismo en general. ¿Está afirmando Rothbard que apartó la vista de los que abandonaban "la fontanería" porque, de otro modo, podrían estar haciendo un buen trabajo?

En conclusión, Rothbard y yo seguimos luchando por las mismas cosas y contra las mismas cosas. Esperemos que sigamos luchando a cada cual a su manera, alcanzando a los que el otro echaba de menos. Y ojalá podamos reducir el tiempo y la energía que dedicamos a luchar entre nosotros para liberar recursos contra el enemigo común. No dejaré pasar ninguna mano tendida.

Si los Neolibertarios y los Centristas Rothbardianos debemos dedicar algo de tiempo a nuestras diferencias ("entablar un Diálogo Revolucionario"), que se dedique primero a *entendernos* mutuamente −como sucede con este intercambio−, y luego a resolver las diferencias. Ah, ¡entonces que tiemblen el Estado y su élite de poder!

147

SOBRE EL AUTOR

Samuel Edward Konkin III fue un teórico del movimiento de vanguardia libertaria y un activista incondicional desde la división histórica entre libertarios y conservadores en la convención del YAF en St. Louis, en 1969. En las siguientes tres décadas y media, se desempeñó como editor y publicador de la publicación libertaria más longeva, que comenzó como *¡Laissez-Faire!* (1970), luego siguió como *New Libertarian Notes* (1971-75), *New Libertarian Weekly* (1975-77, el semanario libertario de mayor duración) y *New Libertarian* (1978-1990). Escribió el trabajo fundamental sobre el agorismo, *Manifiesto Neolibertario*, en 1980.

Ha acuñado los siguientes términos y conceptos, muchos de los cuales han aparecido en todas las publicaciones libertarias: contraeconomía, agorismo, minararquía, partidismo, antiprincipios, libertarismo de izquierda, anarcosionismo, «Browne-out», mercado rojo, Kochtopus, y más. Ha influido en las obras de autores como J. Neil Schulman (*Alongside Night*) y Victor Koman (*Kings of the High Frontier*), quienes tuvieron sus primeras ventas de ficción en las páginas de las revistas de Konkin.

El Sr. Konkin se desempeñó como director ejecutivo del Instituto Agorista, una organización que promulga los principios del agorismo y la contraeconomía. Era invitado de honor en convenciones de ciencia ficción y reuniones libertarias y un viajero internacional experimentado.

149

Contraeconomía pretendía ser su obra maestra, la destilación de todo su trabajo e investigación a lo largo de 15 años de activismo en el movimiento. Lamentablemente, de los 18 capítulos esbozados, sólo se escribieron diez. De ellos, sólo seis estaban disponibles en el momento de la publicación.

Konkin murió el 23 de febrero de 2004.

Para más información,
véase nuestra página web
www.unioneditorial.es